№ 1
2004

# MA'AT

## ARCHÄOLOGIE ÄGYPTENS

# Impressum Heft I/04:

**Herausgeber und
verantwortliche Redakteure:**
Dr. phil. Mirco Hüneburg
Prof. Dr. phil. Thomas Schneider

**Technische Beratung:**
Benedikt Rothöhler, M.A.
Dr. phil. Barbara Engelmann-v.Carnap

**MA'AT** erscheint in Kooperation mit dem „*Ägyptologischen
Institut der Universität Heidelberg*" sowie dem „*Forum der
Freunde des Ägyptologischen Instituts der Ruprecht-Karls-
Universität Heidelberg e.V.*".

Namentlich gekennzeichnete Beiträge erscheinen in Ver-
antwortung der Autoren und stellen nicht zwangsläufig
die Meinung der Redaktion dar. Den Autoren obliegt die
Wahl zwischen alter und neuer Rechtschreibung sowie
der Zitierweise.

Manuskripte, Leserbriefe, Anregungen, Fragen, Kritiken,
Bestellungen, etc. richten Sie bitte an...

**Kontakt:**
Dr. Mirco Hüneburg
c/o Ägyptologisches Institut
der Universität Heidelberg
Stichwort: MA'AT
Marstallhof 4, D-69117 Heidelberg
E-Mail: maat@hueneburg.org

**MA'AT** kann zudem bestellt werden über:
www.libri.de und www.amazon.de

Für unverlangt eingesandte Manuskripte
können wir keine Haftung übernehmen.

© Mirco Hüneburg, Thomas Schneider 2004

Herstellung und Verlag:
Books on Demand GmbH, Norderstedt.


ISBN 3-8334-1357-3

Schutzpreis: € 9,50

# Editorial

## Zunächst ...
### ... ein paar Worte zu diesem Heft

**MA'AT** war im Alten Ägypten die Göttin der Wahrheit und Wahrhaftigkeit, der Gerechtigkeit und Ordnung. Sie erschien uns durchaus geeignet, in ihrem Namen ein neues Periodikum zu gestalten. Nicht nur, weil die Erforschung der mit ihr verbundenen religiösen Konzepte auf eine Tradition des Heidelberger Ägyptologischen Institutes zurückgeht. Es sind vor allem die mit ihr assoziierten Werte an sich, die sich unseres Erachtens als gutes Leitbild ägyptologischer Berichterstattung und Diskussion eignen – Werte, die auch in der heutigen Medienlandschaft bestehen sollten.

Der Untertitel unseres Magazins ist selbstredend: **„Archäologie Ägyptens"**. Recht leicht läßt sich die archäologische Schwerpunktlegung begründen. Denn Exposés und Abhandlungen zur Linguistik und Grammatik des Ägyptischen wären zu exklusiv, sie würden alle Leser ausschließen, die jener altägyptischen Sprach- und Schriftformen nicht mächtig sind. Doch wir möchten nicht nur unsere Kollegen, sondern auch und gerade ein breit gefächertes Publikum ansprechen, eine Leserschaft, die interessierte Laien, junge Studierende und Vertreter benachbarter Wissenschaftsbereiche einschließt.

Daher möchten die Herausgeber dieser Heftreihe den Begriff „Archäologie" im herkömmlichen Sinne begreifen, nämlich ganz und gar allgemein als die „Kunde der alten Dinge", eben die Altertumskunde. Dies schließt neben Kunst, Handwerk und Architektur auch die schriftlichen Zeugnisse der Vergangenheit, also auch das weite Feld der Philologie, Geschichte und Religion mit ein. Mit einer Einschränkung: die Texte werden hier primär in allgemeinverständlicher Übersetzung und mit klärender Erläuterung präsentiert. Eine dem nicht-ägyptologischen Leser verschlüsselte Botschaft in Hieroglyphen und Umschrift kann anderenorts sinnvoller veröffentlicht werden.

Besonders willkommen sind uns alle Fachautoren, die ihre Wissenschaft gleichermaßen anspruchsvoll wie verständlich beschreiben möchten.

## ... und dann eine kleine Frage: Quo vadis, Ägyptologie?

Es ist ein Widerspruch: Einerseits wächst, wächst und wächst das Interesse am Altertum stetig. Mehr denn je nehmen sich Fernsehen und Printmedien archäologischer und frühhistorischer Themen an. Zu Tausenden drängen sich die Besucher in Ausstellungen und Museen. Und immer häufiger wird in den Schulen das Alte Ägypten thematisiert.

Andererseits schrumpfen die Finanzmittel für Wissenschaft und Forschung in geradezu beängstigender Geschwindigkeit. Ein gezückter Rotstift hier, Sparmaßnahmen dort. Zumal wenn es sich um Geisteswissenschaften handelt, fällt das Kürzen leicht. Doch wie geistreich ist es letztlich, am Geiste zu sparen?

---

Was tragen Archäologen zum Wirtschaftsaufschwung und Steuereinkommen bei? – heißt es.
– Wenig ...
Läßt sich aus geisteswissenschaftlicher Forschung Rendite erzielen? – wird gefragt.
– Leider nein ...
Wie innovativ ist die Ägyptologie? – fragt man.
– Bitte???

---

In der (theoretisch!) reichen Hansestadt Hamburg sieht die Ägyptologie als Universitätsfach ihrem Ende entgegen. Sehr bald wird Norddeutschlands Universitätslandschaft ägyptologiefrei sein...

Dieser Widerspruch geht uns hart ein, denn die zunehmende Kommerzialisierung der Wissenschaft durch die Medien scheint der Ägyptologie selbst wenig zu nützen. Archäologen werden zu Statisten in der Sonntag-Abend-Dokumentation, und die Archäologie wird zum seltsamen Event verformt. Nützt es? Gekürzt wird trotzdem. Ist das eine wirklich geglückte Anpassung an moderne Zeiten? Profanisierung der Wissenschaft durch Kommerz!, mag man schimpfen.

Warum profitiert die Ägyptologie als Forschungsdisziplin so wenig vom gestiegenen öffentlichen Interesse? Zwar darf das „exotische Orchideenfach im Elfenbeinturm" den Medien zu mehr Quoten verhelfen. Rein marktwirtschaftlich gesehen wird dieser positive Effekt jedoch nicht auf das Konto der Wissenschaft gutgeschrieben. Andere sind es, die davon profitieren.

## Es ist gut, Freunde zu haben...

Die Gründung von Freundeskreisen und Förder-
vereinen ist eine Antwort der Museen und ägyptologischen Institute. Es sind die Museumsbesucher,
Gasthörer, interessierten Laien, Sponsoren und
Förderer, die helfend eingreifen. Sie haben ihr
Ägypteninteresse zum Hobby gemacht, und ihr
Hobby in eine echte Förderung der Wissenschaft
und Kultur umgesetzt. Eine Kooperation der
Interessen und eine Synergie der Kompetenzen.
Nicht immer ohne Schwierigkeiten, gewiß, hier ist
oft korrekte Vermittlung gefragt, aber unterm Strich
ist es meist für beide Seiten gewinnbringend. Und es
eine effektive Art und Weise, die Wissenschaft vom
Alten Ägypten in Deutschland zu unterstützen.
Solange das private Interesse vieler Menschen am
Alten Ägypten anhält, stellen sie das beste Gegen-
gewicht zur fehlenden staatlichen Zuwendung.
In Heidelberg hat sich nun neben der „Deutsch-
Ägyptischen Gesellschaft" noch ein „Forum der
Freunde des Ägyptologischen Institutes der
Ruprecht-Karls-Universität Heidelberg e.V." (kurz:
Forum) konstituiert. Über dieses Forum, das
Heidelberger Ägyptologische Institut und seine
bedeutende Sammlung werden wir in der nächsten
Ausgabe ausführlicher in einer eigenen kleinen
Rubrik berichten.

Mirco Hüneburg

# Inhaltsverzeichnis:

Abb. 1 - Scheintür in der Grabkapelle des Ni-anch-Nefertem (K. Myśliwiec).

## Zwischen der Stufenpyramide und dem „Trockenen Graben":

# Neue Entdeckungen in Sakkara

von Karol Myśliwiec[1]

Gegen Ende des Jahres 1997 entdeckte die polnisch-ägyptische archäologische Mission in Sakkara das Grab eines bis dahin unbekannten Wesirs Merefnebef, das in die erste Hälfte der 6. Dynastie zu datieren ist[2] - 120 m westlich der Stufenpyramide gelegen, der ältesten Pyramide der Welt, die um 2650 v.Chr. für König Netjerichet (heute besser bekannt unter seinem Eigennamen Djoser) erbaut wurde. Das Grab besitzt eine Kultkapelle, die im Innern einer der Felsterrassen ausgehauen ist, in denen das Gelände hier stufenweise nach Westen hin abfällt, bis zum Rand des sogenannten „Trockenen Grabens".[3] Dieser am wahrscheinlichsten zu Beginn der 3. Dynastie aus dem Fels gehauene tiefe Graben läuft um das ganze Areal der frühesten königlichen Grabanlagen in Sakkara herum, mit dem Bezirk der Stufenpyramide im Zentrum. Die Grabkapelle des Wesirs erwies sich als einzigartiges Denkmal, und zwar sowohl mit Blick auf den Erhaltungszustand der Reliefs und Wandmalereien als auch den ungewöhnlichen Inhalt der hieroglyphischen Inschriften und Szenen. Schon zum Zeitpunkt der Entdeckung des Grabes des Wesirs war es so gut wie sicher, daß das sich weiter nach Norden erstreckende Felsbord die Gräber weiterer Würdenträger enthalten muß. Während einiger Jahre mußte sich die Aufmerksamkeit der Archäologen aber auf die Dokumentation, Konservierung und Sicherung dieses singulären Denkmals konzentrieren.[4]

Die Konservierung der Reliefs und Malereien in der Grabkapelle des Wesirs erwies sich als besonders schwierig auf Grund der außergewöhnlichen lokalen Brüchigkeit des Steins und der Versalzung. Ebenso langwierig war das Herstellen von Durchzeichnungen, Fotografien und Beschreibungen dieser Meisterwerke der ägyptischen Kunst. Zu ihrer Absicherung vor klimatischen Veränderungen und Besuchen ungebetener Gäste, insbesondere während der Abwesenheit der Archäologen, mußte um das Grab herum ein solider Pavillon errichtet werden, was durch die Großzügigkeit seiner Magnifizenz, des Rektors der Universität Warschau, möglich wurde. Nach sechs Jahren Arbeit eines großen Teams von Spezialisten aus unterschiedlichen Disziplinen, von Archäologen und Philologen über Anthropologen, Paläozoologen, Paläobotanikern, Sedimentologen und anderen, gelang es schließlich, die Forschungen abzuschließen und eine wissenschaftliche Publikation in englischer Sprache in Druck zu geben.

Gegen Ende des Jahres 2003 konnte man an die Erforschung der benachbarten Grabanlage denken. Die sechs Jahre, die zwischen der Entdeckung der Grabanlage des Wesirs und der Freilegung des benachbarten Grabes vergangen waren, beinhalteten auch die Erforschung der Nekropole, die sich im Osten und Westen jener Felsterrasse erstreckte, in die beide Gräber eingehauen waren. Es ging uns darum abzuklären, wie dieses Gelände zur Zeit des Alten Reiches, d.h. im 3. Jahrtausend v.Chr., geformt war, als noch kein in späterer Zeit aus der Wüste herangetragener Sand die Felsoberfläche bedeckte, nach jähen Klimaveränderungen, die um 2250-2150 v.Chr. auftraten. Eine damals eintretende Trockenzeit verursachte eine Hungersnot, brachte die durch Jahrhunderte ausgebildete Gesellschaftsordnung zum Einsturz und führte in der Folge zum ersten historischen Zusammenbruch des Staates der Pharaonen.

Unsere Forschungen zeigten, daß das sich von der Stufenpyramide des Djoser westwärts erstreckende Gelände in Felsterrassen abfällt, in denen man insbesondere Gräber von Würdenträgern aushob, aber auch andere, rätselhaftere Räumlichkeiten. Es ist gleichsam die monumentale Verlängerung der Stufenstruktur der Pyramide nach Westen hin. Die letzte, am weitesten nach Westen gelegene Terrasse stellt den Rand eines tiefen Abgrunds dar, des sogenannten „Trockenen Grabens". Jede der beiden praktisch parallelen Felswände ist von einer Art vorstehendem Architrav bekrönt, der bei der

[1] Aus dem Polnischen von Thomas Schneider.
[2] K. MYŚLIWIEC, „Meref-nebef: Der Berater des Pharaos", in: *Spektrum der Wissenschaft*, Dezember 1999, S. 54-60; id., „Five Wives & A Girlfriend", in: *Discovering Archaeology*, July/August 1999, S. 54-67; id., *New Faces of Sakkara. Recent Discoveries in West Sakkara*, Tuchów 1999; id., „The Tombs of the Fifth and Sixth Dynasties at Saqqara", in: Z. HAWASS, *The Treasures of the Pyramids*, Cairo 2003, S. 318-321.
[3] N. SWELIM, „The Dry Moat of the Netjerykhet Complex", in: *Pyramid Studies and Other Essays Presented to I. E. S. Edwards*, London 1988, S. 12-22.
[4] Zur Konservierung des Grabes s. Z. GODZIEJEWSKI, Conservation Work, in: *PAM (Polish Archaeology in the Mediterranean)*, X, Reports 1998, Warsaw 1999, S. 97-100; XI, Reports 1999, Warsaw 2000, S. 107-108; XII, Reports 2000, Warsaw 2001, S. 120-123; XIII, Reports 2001, Warsaw 2002, S. 143-145.

Westwand schräg zugeschnitten ist und eher an einen Pilzhut erinnert. Der Architrav wirft einen Schatten auf die Eingänge der in den Fels geschlagenen Räumlichkeiten. In der westlichen Felsfront entdeckten wir zwei Grabkapellen von Würdenträgern aus der Endphase des Alten Reiches.[5]

Die Zugänge zu diesen Räumlichkeiten „schützten" aber Skelette, Mumien und anthropoide Sarkophage aus einer um 2000 Jahre späteren Zeit. Die Konzentration solcher Bestattungen in der den „Trockenen Graben" ausfüllenden Sandschicht war hier höher als in irgendeinem anderen Teil der Nekropole.

Abb. 2 - Die „obere Nekropole" aus der Ptolemäerzeit: in der Sandschicht über der westlichen Wand des „trockenen Grabens" (Foto: M. Jawornicki).

---

[5] K. MYŚLIWIEC, West Saqqara, Excavations 2002, in: *PAM* XIV, Reports 2002 (im Druck).

In Schichten übereinander liegend, nahmen sie die Arbeitskraft unseres Teams während der ersten Wochen ganz in Anspruch. Bürstend, pinselnd, Sandkörner mit Hilfe von Klistierbirnen entfernend, die Überreste der wunderschön gemalten Kartonagen, die jeder Windhauch sofort verwehte, festigend, scherzten wir, daß sich die Gruppe von Archäologen in eine „Bestattungsequipe" verwandelt habe. Eine solche Menge von Verstorbenen erschreckte ganz offenbar die Räuber, die viele Jahrhunderte später, im arabischen Mittelalter, sich um den Zugang zu dem wertvollsten Beutegut bemühten, d.h. zu den einige tausend Jahre alten, tiefer gelegenen Gräbern. Sie rissen die in der obersten Schicht angetroffenen Mumien auseinander, in der Hoffnung, in ihrem Inneren zumindest schöne Amulette zu finden. Die in den unteren Schichten gelegenen Mumien blieben dagegen unberührt.

Abb. 3 - Die Westfassade des „trockenen Grabens" mit dem Eingang zu den Grabkapellen des Alten Reiches (Foto: M. Jawornicki).

In der Zwischenzeit hatten die entmutigten Grabräuber nämlich einen anderen Weg ausfindig gemacht, der sich tatsächlich als erfolgversprechender erwies. Sie waren auf einen Grabschacht gestoßen, dessen Öffnung sich direkt unter der Sandoberfläche einige Meter weiter gegen Westen befand, wo der Felshang jäh ansteigt und praktisch aus dem Sand hervorragt. Sie waren bis zum Grund des Schachtes vorgedrungen, wo sie eine Felswand durchschlagen hatten, die ihn von der Kapelle eines Grabes abtrennte, das noch acht weitere Schächte enthält. Um Diskretion waren sie jetzt nicht mehr bemüht: oben auf dem Schutthaufen, der die geplünderte Kapelle ausfüllte, ließen sie das „corpus delicti" in Gestalt einer kleinen Öllampe zurück, die es uns heute erlaubt, diese Ereignisse zeitlich festzulegen oder – wie es der archäologische Jargon will – die räuberische Eskapade zu datieren. Wahrscheinlich konnte diese erste Kapelle ihren Appetit nicht ganz stillen, da sie von hier aus eine Öffnung zu der Nachbarkapelle in die Wand brachen, die sich im Süden anschloß. Hier konzentrierten sie sich auf die Westwand, wo sich vor dem Hintergrund des dunklen Felsens eine riesige Scheintür majestätisch abhebt, eine aus einer Platte von schneeweißem Kalkstein gefertigte Stele. Hervorragend erhalten, trägt sie auf ihrer Oberfläche zahlreiche feste Nester, die von emsigen Bienen gebaut wurden. Die auf ihr eingemeißelte Inschrift informiert uns, daß der Besitzer des Grabes ein Befehlshaber der ägyptischen Flotte namens Meri („der Geliebte") war.

Abb. 4 - Die Scheintür des Würdenträgers Meri, Ende des Alten Reiches (Foto: M. Jawornicki).

Abb. 5
Die Ostfassade des „trockenen Grabens" mit den Eingängen zu zwei Korridoren und der Grabkapelle des Seschemnefer zwischen ihnen. (Foto: M. Jawornicki, W. Jerke).

Noch größere Überraschungen erbrachten die im östlichen Abschnitt des „Trockenen Grabens" ausgehauen Felsräume. Unter den drei dort von uns entdeckten Innenräumen erwies sich nur einer als klassische Kultkapelle eines Würdenträgers aus der Zeit des Alten Reiches. Sie gehörte einem gewissen Seschemnefer, dessen Namen wir auf einer bescheidenen Scheintür lesen, die in die Oberfläche der Westwand seiner Kultkapelle eingemeißelt ist. Im Gegensatz dazu erwiesen sich die beiden Räumlichkeiten, die zu beiden Seiten dieses Grabes liegen, als ungewöhnlich. Jede von ihnen birgt in sich Geheimnisse. Es handelt sich um zwei Gänge, die sich in Form und Funktion unterscheiden. Der relativ kurze, aber sehr hohe nördliche Korridor weist in den Seitenwänden Eingänge zu sechs Kultkapellen auf, und im Fußboden die Öffnungen von 22 Grabschächten.[6] Wir wissen nicht, ob dieses an Katakomben erinnernde Sammelgrab der Bestattungsort einer Familie war oder ob es nicht einfach die Verarmung der Gesellschaft gegen Ende des Alten Reiches widerspiegelt. Vielleicht handelt es sich auch um umgearbeitete und erneut benutzte Gräber einer wesentlich früheren Zeit, etwa der, als der „Trockene Graben" entstand.

Abb. 6 - Der nördliche Korridor (Nr. 2) mit den Kapellen und Grabschächten vom Ausgang des Alten Reiches. (Foto: M. Jawornicki, W. Jerke).

[6] Id., West Saqqara, Excavations 2000, in: *PAM* XII, Reports 2000, Warsaw 2001, S. 116-118.

Abb. 7 - Die Eingänge in die im Jahr 2003 erforschten Kapellen und Schächte im nördlichen Korridor (Nr. 2). (Foto: M. Jawornicki, W. Jerke).

Ganz und gar außergewöhnlich ist dagegen der südliche Gang, der von der Frontseite des "Trockenen Grabens" im Felsinnern direkt in Richtung der Djoserpyramide läuft.[7] Nach zwanzig Metern endet er plötzlich in einer blinden Wand, neben welcher der Eingang zu einem rechteckigen Raum ist, der gleichsam zur Seite „verschoben" ist, von der Gangachse nach Norden. Wir erwarteten dort eine Kultkammer mit einem Grabschacht im Boden, fanden dagegen eine umfangreiche Ablage von Skeletten wilder Tiere, die zu Ritualzwecken auf der Oberfläche einer fast bis zur Raumdecke reichenden Aufschüttung deponiert worden waren.[8] Die meisten Skelette stammen von riesigen Welsen, und inmitten der Knochen ragt ein Paar von Antilopenhörnern empor. Erstaunlich ist, daß jedes dieser Tiere nur durch den vorderen Teil des Skelettes vertreten ist. Was ist mit dem Hinterteil passiert? Man denkt sofort an die tiergestaltigen Hieroglyphen der Pyramidentexte, deren Gestalt sich in der 6. Dynastie unter dem Einfluß der prophylaktischen Magie verändert. Aus Furcht vor der Macht einiger Tiere bildete man in den entsprechenden Schriftzeichen nur eine Hälfte ihrer Körper ab. Ob die von uns gefundenen Skeletthälften ähnliche Vorstellungen über tiergestalte ägyptische Gottheiten widerspiegeln?

Diese Überlegung stützte sogleich ein Objekt, das einige Dutzend Zentimeter tiefer gefunden wurde. An der Südwand dieses rätselhaften Raumes lag die ungewöhnlichste Harpune, die je in Ägypten gefunden wurde.[9] Aus einem Stück eines ausgezeichneten Holzes, der Libanonzeder, gefertigt, ist sie 2,60 m lang. Sowohl in ihren Ausmaßen als auch ihrem Gewicht und ihrer spindelartigen Gestalt unterscheidet sie sich von den leichten, geraden Harpunen, wie sie von den ägyptischen Reliefs und Malereien als Waffe des Königs oder des Gottes Horus bekannt sind, mit der Nilpferde, die Horus' Todfeind Seth symbolisierten, erlegt wurden. Die Oberfläche unserer Harpune verzieren zwei Darstellungen von Schlangen, die sich mit

[7] Id., Ib., S. 111-116; K. KURASZKIEWICZ, Remarks on Corridor 1, in: *PAM XII*, S. 133-137.
[8] S. IKRAM, Preliminary Zooarchaeological Report 2000, in: *PAM XII*, Reports 2000, Warsaw 2001, S. 127-132; K. MYŚLIWIEC, „New Mysteries from Saqqara", in: *Egypt Revealed*, (March/April 2001), S. 28-29.

[9] K. MYŚLIWIEC, „Le harpon de Sakkara", in: *"Le lotus qui sort de terre". Mélanges offerts a E. Varga, Bulletin du Musée Hongrois des Beaux - Arts, Supplément 2001*, Budapest 2001, S. 395-410; id., New Mysteries ... (op. cit.), S. 30-31.

herausgesteckter Zunge zum Angriff schicken. Sie wurden ungewöhnlich naturalistisch aus der Holzoberfläche herausgearbeitet. Jede Schuppe des glatten Körpers unterstreicht die Dynamik der Bewegung. Es besteht nicht der geringste Zweifel, daß wir es mit einem Kultobjekt zu tun haben, das eine wichtige Rolle während der Rituale spielte, die in irgendeiner der Kapellen in der königlichen Nekropole stattfanden. Das konnten Rituale zu Ehren von Horus sein, der häufig mit Harpune in der Hand dargestellt wurde. Da der Pharao als Verkörperung dieses Gottes angesehen wurde, hatten solche Feierlichkeiten sicherlich auch einen königlichen Aspekt. Wenn diese Hypothese korrekt ist, wird die Bedeutung der wilden Tiere, deren Skelette auf der Oberfläche der Aufschüttung liegen, ziemlich klar. Als wilde, gefährliche Tiere, die mit der Wüste bzw. den trüben Fluten des Nils assoziiert wurden, hätten sie den Gott Seth symbolisiert, den „Gott der Verwirrung", wie ihn die Ägyptologen nennen, der eben mit der ungebändigten Welt der Wüste assoziiert wird. Das ändert nichts an der Tatsache, daß die Vorstellung der Ägypter das ganze Land am Nil zwischen Seth und Horus aufteilte, da man nämlich der Meinung war, jede harmonische Ganzheit müsse aus gegensätzlichen Elementen bestehen. So erklärte man auch die erstaunlichen Kontraste im Bereich der menschlichen Natur – jeder Mensch trage in sich Merkmale des gutmütigen Horus und des verschlagenen Seth.

Abb. 9 - Vorderteil der Harpune und ihr Futteral. (Fotos: M. Jawornicki, W. Jerke).
Abb. 10 - Hinterteil der Harpune und ihr Futteral.

Abb. 8 - Die Ritualharpune *in situ* in der Kammer am Ende des südlichen Korridors (Nr. 1).

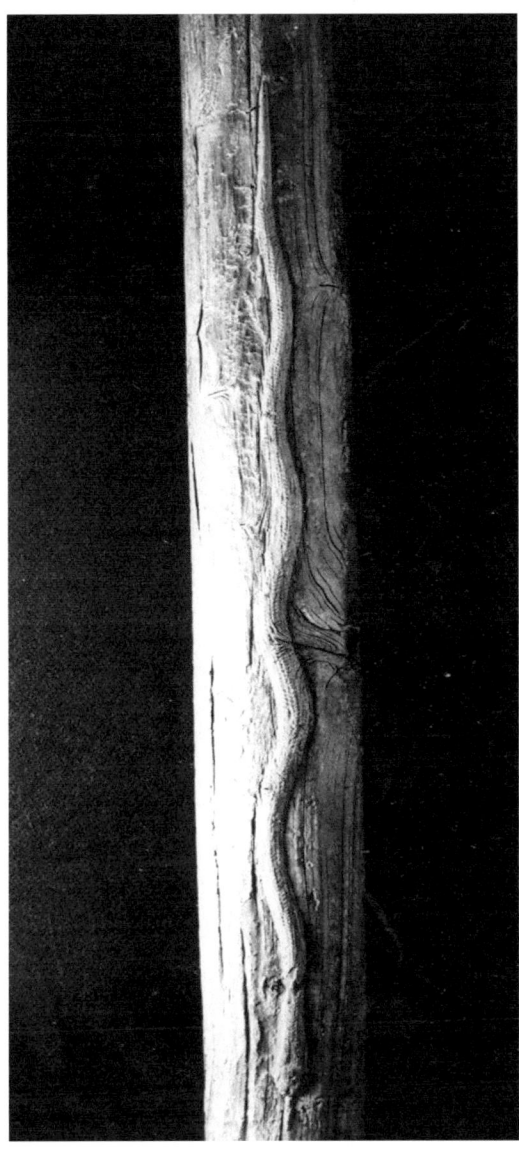

Oben:
Abb. 11 - Die reliefierte Darstellung der angreifenden Schlange auf der Harpune. (Foto: M. Jawornicki, W. Jerke).

Oben rechts:
Abb. 12 - Nahaufnahme des reliefierten Schlangenkörpers auf der Harpune. (Foto: M. Jawornicki, W. Jerke).

Unsere singuläre Harpune lag an der Wand in einem zylindrischen Futteral aus derselben Holzart. Auf der Innenseite des Behälters sind noch Spuren der Bemalung erhalten, darunter weiß und rot, und damit die Farben, die genau diese zwei Götter charakterisierten. Ursprünglich bedeckte eine Malerei zweifellos auch die Harpune, aber sie blieb nicht bis in unsere Zeit erhalten. Das ist schade, denn sie umfaßte vielleicht auch den Königsnamen, der uns mitteilen würde, wann die Harpune hergestellt wurde.

In dieser Sache bestehen nämlich gewisse Zweifel. Die Harpune lag zwar auf einer Schicht Erde, die Keramik aus der Zeit der 6. Dynastie enthielt, was den Zeitpunkt bestimmt, zu dem sie hier abgelegt wurde. Dagegen hat ihre wunderschöne Dekoration dieselbe Form wie Schlangendarstellungen auf einigen Bruchstücken von Steinarchitektur aus dem Grabbezirk des Djoser.[10] Dort sind neben den Umrissen der angreifenden Schlangen die Namen dieses Herrschers sichtbar. Doch wurden die Blöcke von ägyptischen Archäologen in einem ganz anderen Gebäude gefunden, das sich außerhalb des Pyramidenbezirks

[10] Z. HAWASS, „A fragmentary monument of Djoser from Saqqara", in: *JEA* 80 (1994), S. 45-56; *Egyptian Art in the Age of the Pyramids, The Metropolitan Museum of Art*, New York 1999, S. 171.

des Djoser befindet, wo sie als Baumaterial in einer der späteren Grabkapellen wiederverwendet wurden, die zur Zeit der 6. Dynastie, und damit dreihundert Jahre nach Djoser, errichtet wurde. Wir können vermuten, daß unsere Harpune ein ähnliches Schicksal hatte. Für den Besitzer der Stufenpyramide hergestellt, lag sie ursprünglich im Bereich einer der zu seinem Grabbezirk gehörigen Kapellen und diente dem Kult des Königs als einer Verkörperung des Gottes Horus. Einige Jahrhunderte nach dem Tod des Djoser wurde der Gegenstand wahrscheinlich von dort fortgebracht und im Innern der unterirdischen Krypta abgelegt, die wir vor kurzem entdeckt haben. In der Nachbarschaft der Körper der wilden Tiere abgelegt, hätte sie den ewigen Kampf des Horus mit Seth symbolisiert, also jenen Mythos, der die Basis des ägyptischen theologischen Denkens war.

Die Krypta war aber wohl Bestandteil eines Sanktuars, das an demselben Ort auf der Felsoberfläche stand, als Ort, an dem an bestimmten Festtagen festgelegte Rituale durch-geführt wurden. An der Oberfläche der Felsterrasse, die genau an diesem Ort liegt, über dem Dach der geheimen Krypta, haben sich bis in unsere Zeit nur ein Stapel von Steinblöcken und Bruchstücke eines Bodens aus getrockneten Ziegeln erhalten. Der Rest ist Schweigen. Vielleicht werden unsere Ausgrabungen es in Zukunft brechen können.

Abb. 13 - Die Fundamentierung der Mauer. Ansicht von Westen. (Foto: M. Jawornicki, W. Jerke).

Abb. 14 - Die Vorsprünge der den Grabbezirk des Netjerichet (Djoser) gegen Westen beschließenden Mauer. Vor der Mauer die Ziegelplattform aus der Spätzeit. Ansicht von Süden. (Foto: M. Jawornicki, W. Jerke).

14

Völlig andere Überraschungen erwarteten uns in dem Gebiet, das sich östlich vom Grab des Wesirs erstreckt, bis zur mächtigen Mauer, die den ganzen heiligen Bezirk der Djoserpyramide umgibt. Diese Mauer stellt die östliche Grenze unserer Ausgrabungen dar; dort beginnt die Konzession der französisch-ägyptischen Mission. Aus dem Sand tauchen hier – eine neben der andern, zum Teil eine auf der andern – die Mastabas von Würdenträgern aus der Endphase des Alten Reiches auf. Der Platz auf dem Friedhof unmittelbar neben der Pyramide des Pharao war besonders kostbar, daher nutzte man jeden Zentimeter aus. Es ist fast wie eine „Allee der Verdienten". Von dem oberirdischen Teil der Gräber, der aus getrockneten Lehmziegeln erbaut wurde, sind gewöhnlich aber nur Reste erhalten. Schon die antiken Grabräuber haben die Ziegelkonstruktionen zerstört, manchmal kurze Zeit nach dem Begräbnis. Sie hatten nur ein Ziel: die Schätze, die dem Verstorbenen in seinem Steinsarkophag in der Grabkammer mitgegeben worden waren. Diese Kammer war aber am Grund eines Grabschachtes in den Fels hinein getrieben, der bisweilen über zwanzig Meter tief war. Je mehr sich die Baumeister des Grabes bemühten, den Zugang zum Sarkophag zu erschweren, desto mehr lockten sie die hervorragend organisierten Diebesbanden an. Zunächst mußten sie den Eingang zum Schacht finden, der innerhalb der Mastabamauern verborgen war, dann rasch den Sand aus dem Schacht entfernen, zum Sarkophag vordringen, die Schätze hinaustragen, dann eilig den Schacht wieder zuschütten und nach Möglichkeit die Spuren verwischen. In der Eile warfen sie in den Schacht das, was umgefallen war, vor allem das, was sie an der Oberfläche zerstört hatten. Deshalb finden wir heute in den sekundären Verfüllungen der Schächte, und bisweilen sogar auf ihrem Grund, Scheintüren, die ursprünglich an der Westwand der Kultkapelle aufgestellt waren, eines länglichen Raumes, der sich an die Ostwand jeder Mastaba anlehnte. Diese kleinen Kalksteinplatten in Gestalt einer Miniaturfassade des Königspalastes enthüllen uns heute viele Geheimnisse der Grabeigentümer, v.a. dank der auf ihrer Oberfläche eingemeißelten hieroglyphischen Inschriften. Sie geben uns nicht nur die Namen des Verstorbenen, sondern erwähnen auch seine Funktionen und Titel. Gerade diese kleinen Steintafeln informierten uns, daß es im Dickicht dieser Mastabas auch Grabanlagen von Frauen gab. Und zwar nicht irgendwelcher, sondern sogar zweier Priesterinnen der Göttin Hathor, der altägyptischen Göttin der Liebe.[11] Diese Damen trugen die Namen Djesti und Cheti.

Der gesellschaftliche Status von Hathorpriesterinnen war sehr hoch, und einige entstammten sogar der königlichen Familie. Es ist schwierig, genau zu sagen, welches ihre Funktionen waren. Einzelne ihrer Epitheta, wie etwa „Einziger Schmuck des Königs", geben aber Raum zu der Annahme, daß die Priesterinnen nicht nur der Göttin dienten. Einige Ägyptologen vermuten sogar, daß sie viel gemein hatten mit dem königlichen Harem. Hetären oder eher eine Art von Geischas? Vielleicht waren es nicht Personen von besonderer politischer Bedeutung, aber sie konnten auf das private Leben des Pharaos einen sehr wesentlichen Einfluß haben. Ein Jahrtausend später spielte eine andere Art von Priesterinnen, ebenfalls Frauen, in der Spitze der gesellschaftlichen Elite, eine grundlegende Rolle in der thebanischen politischen Theologie. Das waren die „Gottesgemahlinnen des Amun", von denen man mit der Zeit Jungfräulichkeit zu fordern begann, damit sie ihre Rolle bei der Erzeugung der künftigen Thronfolger besser erfüllen konnten. Es scheint, als habe niemand ähnliche Opfer von den Hathorpriesterinnen des Alten Reiches verlangt. Wie dem auch sei, unsere Ausgrabungen beweisen, daß sie zumindest nach dem Tod gleichrangige Partner der zuverlässigsten Beamten wurden, die häufig den Titel eines königlichen Sekretärs trugen.

Die Ausgrabungen in diesem Teil der Nekropole erlaubten uns auch, die Grabsitten der damaligen Ägypter besser kennenzulernen. Es stellte sich nämlich heraus, daß sich in vielen Mastabas zwei getarnte Grabschächte befinden: ein tieferer Schacht, der in einer Grabkammer mit dem Körper des Verstorbenen endet, auf der Nordseite, auf der Südseite dagegen ein weniger tiefer Schacht ohne Kammer, der aber mit dem während der Mumifizierung und des Begräbnisses selbst benutzen Gerät gefüllt war. Besonders zahlreich waren in diesem letzteren Schacht Bruchstücke zerschlagener Ritualgefäße mit roter Glasur. Die Forschungen von Teodozja Rzeuska über das keramische Material aus Sakkara erlauben es, diese Scherben mit der Begräbniszeremonie des „Zerschlagens der roten Töpfe" zusammenzustellen, die bisher nur in hieroglyphischen Texten bezeugt war.[12] Ihre Entdeckungen gestatten es

[11] K. MYŚLIWIEC & K. KURASZKIEWICZ, „Two more Old Kingdom Priestesses of Hathor in Saqqara", in: *Les civilisations du* *Bassin Méditerranéen. Hommages à J. Śliwa*, Cracovie 2000, S. 145-153.

[12] T. RZEUSKA, „The Pottery from the Funerary Complex of Vizier Merefnebef (West Saqqara). The Evidence of a Burial and Cult of the Dead in the Old Kingdom", in: *Proceedings of the First Central European Conference of Young Egyptologists. Egypt 1999: Perspectives of Research*, Warsaw 7-9 June 1999, ed. by J. POPIELSKA-GRZYBOWSKA, Warsaw 2001, S. 162-165, pls. 26-28; id., „The Necropolis at West Saqqara: The Late Old Kingdom Shafts with no Burial Chamber. Were they False, Dummy, Unfinished or Intentional?", in: *Archiv Orientální 70* (2002), S. 377-402.

auch, Schächte, die für die Bestattung des Verstorbenen bestimmt waren, von rein rituellen Schächten zu unterscheiden. Bis anhin war man der Meinung, der zweite Schacht in den Mastabas des Alten Reiches sei für ein Mitglied der nächsten Familie bestimmt gewesen.

Ebenso sensationelle Ergebnisse wie die Erforschung der Mastabas erbrachte auch die Freilegung eines Teilstücks des westlichen Teils der gigantischen Mauer, die den Grabbezirk der Djoserpyramide umgibt. Ähnlich wie bei den vor hundert Jahren in anderen Teilen Sakkaras freigelegten Teilen dieser Mauer besteht sie auch hier aus einem mehrere Meter dicken Kern aus Blöcken grauen lokalen Kalksteins und einer wunderschönen Verkleidung, die in ihrer Form die Wände des Königspalastes nachahmt, mit zahlreichen Nischen von symmetrischer, auserlesener Formgebung. Diese elegante Verkleidung blendet mit ihrem Weiß, denn man hatte sie aus dem edelsten Kalkstein errichtet, dessen Steinbrüche sich auf der anderen Seite des Nils befinden.

Die Fundamentierung dieser schönen und mächtigen Mauer, die doch ebenfalls ein Werk des Imhotep war, unterscheidet sich hier entschieden von ihren Fundamenten in anderen Teilen des Grabbezirks. Hier fehlte eine ausgedehnte Felsfläche, die man auf dasselbe Niveau hätte nivellieren können, auf dem die Mauer beispielsweise in ihrer Osthälfte aufgesetzt ist, auf der anderen Seite der Pyramide. Es war daher nötig, eine so hohe und starke Plattform zu bauen, daß sie die mächtige Steinmauer tragen konnte. Als wir die vordere Front dieses Fundamentes freilegten, zeigte es sich, daß es in seinem Oberteil außergewöhnlich solid war, dagegen in seinem Unterteil, der unmittelbar auf dem Fels ruhte, außergewöhnlich schwach. Der obere Teil besteht aus einigen Lagen von Blöcken aus besonders hartem Kalkstein, die mit so starkem Mörtel verbunden sind, daß man ihn mit Beton vergleichen kann. Die untere Steinschicht ruht aber auf Wüstensand, voll von Geröll roter Farbe. Eine solche Schüttung konnte nur dann stabil sein, wenn sie sich auf dem Grund einer Grube befand oder zumindest von der Seite ummauert war.

Am überraschendsten ist aber eine Schicht von pulverisierten Schlammziegeln, die waagrecht inmitten der Sandschicht verläuft und über das Fundament der Mauer hinausgeht, wobei sie sich nach und nach in die Linie einer Konstruktion aus getrockneten Ziegeln verwandelt. Die Schlußfolgerung liegt auf der Hand: vor dem Bau der Pyramide des Djoser existierte hier eine Mastaba, die der geniale Imhotep brutal zerstören ließ, um die gigantische Mauer der im voraus geplanten

westlichen Grenze des Grabbezirks des Pharaos entlangführen zu können. Das ist eine Feststellung, die für die Geschichte dieses Ortes von grandioser Bedeutung ist. Wir erfahren dadurch nämlich, daß die Stufenpyramide, obwohl sie am ältesten ist, mitnichten auf jungfräulichem Boden erbaut wurde. Hier existierten schon Gräber von Würdenträgern der vorangegangenen Epoche, d.h. der sogenannten Frühzeit, sicher aus der Zeit der 2. Dynastie. Im totalitären Ägypten, wo alles dem Pharao gehörte, war die plötzliche Verwüstung dieser Gräber „in höherem Interesse" sicher kein Problem. Das zerstört uns ein wenig das idealisierte Bild des später so hochgehaltenen Priesterarchitekten, aber es gibt hervorragend die Realien der damaligen Welt wieder.

Der nützlichste Teil der entweihten Mastaba, der Grabschacht mit Raum für den Körper des Verstorbenen, befand sich jedoch einige Meter außerhalb der Mauer des Djoserbezirks. Den Ägyptern genügte das, um die Grabanlage noch mehrfach während des Alten Reiches zu benutzen. Im Erdprofil, das neben dem Zugang zum Schacht erhalten ist, kann man deutlich die sukzessiven Bauphasen erkennen in Form von Mauerfragmenten aus getrockneten Ziegeln, die sich mit Schuttschichten nach den jeweiligen Zerstörungen der Mastaba abwechseln. Alles deutet darauf hin, daß sie zuletzt gegen Ende des 3. Jts v.Chr. benutzt wurde, da gerade aus dieser Zeit die Steinfragmente der Grabarchitektur stammen, die noch in der Ziegelverschalung an der Oberfläche der Aufschüttung stecken. Darunter ist ein Opfertisch, und sogar Fragmente von Türleibungen, die an den Seiten einer nicht erhaltenen Scheintür standen. Auf den Türleibungen hatte man die Biographie des Verstorbenen eingeschrieben, von der nur ein Bruchstück erhalten blieb, das davon spricht, daß ihn der König mit einem Auftrag ausschickte.[13] Was für einer? Wohin? Wie hieß der Gesandte, der nach dem Tod zum Nachbarn des mindestens 300 Jahre früher verstorbenen Königs wurde? Das werden wir mit Sicherheit niemals erfahren.

Als die Konservierung den Erhaltungszustand des Grabes des Wesirs Merefnebef relativ stabilisiert hatte und die wissenschaftliche Publikation der einzigartigen Reliefs und Malereien, die sich in seinem Inneren verbargen, zum Druck gegeben war, konnten wir an ein Treffen mit dem nächsten Nachbarn des Wesirs im Jenseits denken. Dies umso mehr, als er selbst sich uns aus eigener Initiative schon mehrfach von verschiedenen Seiten hatte zeigen wollen, sei es durch eine kleine Öffnung, die ein Fragment der Fassade enthüllte,

---

[13] K. O. KURASZKIEWICZ, „An Old Kingdom Autobiography from Saqqara", in: *PAM* XIII (Report 2001), Warsaw 2002, S. 147-150; id., in: *PAM* XIV (im Druck).

Abb. 15 - Der Hof mit den drei Felsgräbern des Alten Reichs, die im Jahr 2003 entdeckt wurden. Ansicht von Südwesten. Auf der rechten Seite der Eingang in die Grabkapelle des Ni-anch-Nefertem und die Umfassungsmauer des Hofes vom Grab des Wesirs Merefnebef. (Foto: M. Jawornicki, W. Jerke).

sei es in Gestalt der Linien einer Ziegelmauer, die zu seinem Oberbau gehörten und unmittelbar unter der Sandoberfläche zu Tage traten. Zu dem Treffen konnten wir uns jedoch erst dann begeben, als die Gruppe der Forscher, Archäologen und Konservatoren die Hände frei hatte, um neue Herausforderungen zu übernehmen. Das geschah im Oktober 2003.

Nach der Erforschung von über einem Dutzend Bestattungen in den aufeinanderfolgenden Schichten der oberen Nekropole konnten wir die Aufschüttung entfernen, die den Zugang zu der Vorderfront des in einer Linie mit der Mastaba des Wesirs liegenden, nördlich angrenzenden Grabes schützte. Der „Tag 0" trat am 14. Oktober ein. Im Abstand von kaum ein paar Metern von der in den Fels gehauenen Kultkapelle des Merefnebef kam eine ähnliche, wenn auch kleinere Grabkapelle eines weiteren wichtigen memphitischen Würdenträgers aus der Schlußphase des Alten Reiches zutage. Seinen Namen lernten wir nicht sofort kennen. Aus

dem in den Fels geschlagenen Architrav, der eine Art von Decke über der Fassade der Kultkapelle darstellt, war nämlich ein beträchtliches Stück herausgebrochen, und das gerade an der Stelle, wo etwas tiefer die lange Inschrift endet, die Namen und Titel des Verstorbenen angibt. Hätten wir der Neugierde nachgegeben und die Verfüllung unter dem fortgebrochenen Felsstück sofort beseitigt, hätte letzteres auf die Erde stürzen und in kleine Stücke zersplittern können. Der Grabbesitzer stellte sich uns also nicht dort vor. Seine Silhouette und den in Hieroglyphen beigeschriebenen Namen sahen wir zuerst im Schein einer Lampe, die wir durch eine recht kleine Öffnung einführten, die zwischen der Decke des Grabeingangs und der Spitze der Verfüllung entstanden war. Auf der gegenüberliegenden Wand der Grabkapelle sahen wir ein bemaltes Relief, das einen schreitenden Priester namens Ni-anch-Nefertem „Der, welcher das Leben des (Gottes) Nefertem ist" darstellt. Nefertem war der Kindgott der memphitischen Göttertriade. Man verband ihn mit dem Lotus und stellte ihn häufig in menschlicher Gestalt mit einer Lotusblüte auf dem Kopf dar. Wer nun war diese Person, die mit Nefertem durch ihren Namen verbunden war?

In der Dekoration der Kultkapelle wiederholen sich seine Titulatur und seine zwei Eigennamen mehrfach. Neben seinem langen und komplizierten Namen Ni-anch-Nefertem trug er nämlich auch eine Kurzform - Temi, in Einklang mit der Tradition der 6. Dynastie, als die „schönen Namen" der Würdenträger (z.B. Fefi, Pehi) die Namen der zeitgenössischen Pharaonen wie Teti oder Pepi nachahmten. Den letzteren Namen trugen in der Schlußphase des Alten Reiches sogar zwei Pharaonen. Unser neuer Bekannter, Temi, stellte sich als „Gottesdiener" an zwei Königspyramiden in Sakkara heraus, jener des Unas, des letzten Königs der 5. Dynastie, und des Teti, des ersten Herrschers der folgenden Dynastie. Dieser *terminus post quem* würde darauf hinweisen, daß Temi mehr oder weniger in derselben Zeit wie der Wesir Fefi lebte. Der Dekorationsstil seines Grabes, der in vielerlei Hinsicht Reliefs und Malereien aus der Grabanlage des Nachbarn imitiert, legt jedoch eine etwas spätere Datierung nahe, wahrscheinlich die ausgehende Regierung Pepis I. oder den Beginn der Herrschaft seines Nachfolgers.

Andere Züge der Dekoration verraten dagegen gerade den Wunsch, sich von den Traditionen zu lösen, die sich mit dem Wesir Fefi verbinden könnten. Vielleicht wußte Temi zuviel über die Familie des Wesirs, oder aber hatte in seiner Kindheit genug davon gesehen, was in der Familie des Nachbarn geschah und es lag ihm eher daran, sich von der Zurschaustellung dieses Neureichen und Genußmenschen zu distanzieren. Es reichte ihm vielleicht, daß er mit ihm einen Platz in der Nekropole teilen mußte, der wiederum, zwischen den Pyramiden des Unas und des Teti gelegen, von seinen dienstlichen Verbindungen mit den Orten der ewigen Ruhe dieser Pharaonen diktiert war.

Die Rolle des Priesters am Hofe des Pharaos, und vielleicht der Pharaonen, charakterisieren noch genauer seine anderen Titel. Drei von ihnen sprechen von Geheimnissen. Temi war „Geheimrat des Morgenhauses", „Geheimrat des Königs an jedem seinem Ort" und „Geheimrat seines Gottes für jeden Tag", und außerdem Inspektor des Palastes und der königlichen Güter. Er mußte sich also ungewöhnlichen Vertrauens von seiten seines Herrn erfreuen und zum Kreis seiner engsten Vertrauten gehören. Zum gewaltigen Erstaunen der Entdecker „attackierten" die Titel den Passanten jedoch nicht schon an der Front der Grabkapelle. Die einzige Dekoration der quaderförmigen

Abb. 16 - Der nördliche Teil der Grabkapelle des Priesters Ni-anch-Nefertem im Augenblick der Aufdeckung. (Foto: M. Jawornicki, W. Jerke).

Nische, die die Fassade darstellt, ist eine Längsinschrift, die sich über die ganze Wand über dem engen Eingang zur Kapelle hinzieht. Wir erkennen sie sofort, da sie in Anbringungsort und Form am die „Idealbiographie" an der Fassade des Wesirgrabes erinnert. Der Inhalt der Inschrift zeigt jedoch eine Reihe von Veränderungen im Vergleich zu dem Vorbild. Die stark verwitterte Inschrift, die in die Felsoberfläche eingehauen ist, wird noch Detailstudien erfordern, bevor sie alle ihre Geheimnisse preisgibt.

Aber warum blieb die ganze Oberfläche der Wand unter der Inschrift leer? Wir erinnern uns doch an die Pracht der Dekoration auf der analogen Wand im Grab des Nachbarn. Vielleicht hatte man die Dekoration des Grabes vor dem Tod seines Besitzers nicht fertigstellen können, was in Ägypten kein Einzelfall darstellen würde. Der Umstand, daß ein bedeutender Teil der Reliefs im Innern der Kapelle auch nicht ausgeführt wurde, würde eine solche Hypothese bestätigen, und die Fassade dekorierte man ja – aus verständlichen Gründen – am Schluß. Hätte der Bildhauer seine Arbeit mit ihr begonnen, hätte sie während der weiteren Arbeiten beschädigt werden können.

Die Felsoberfläche trägt an der Grabfassade aber auch Spuren zahlreicher Ausbesserungen mit starkem Mörtel, der eine große Menge von Kalkzusatz enthält. Man kann sich also vorstellen, daß ganz ähnlich wie im Grab des Wesirs die schlechte Qualität des Untergrundes die Künstler entmutigte, an diesem Ort zu arbeiten. Die im Grab des Fefi herausgebrochenen, teilweise großen Felsstücke wurden nicht nur durch Mörtel, sondern sogar durch ganze Platten einer besseren Steinart ersetzt, ja sogar eine Art von „Kunststein", den man wie eine Plombe in das Loch einsetzte. Im nördlichen Teil jener Fassade erhielt sich bis in unsere Zeit nur der Teil der Inschrift, den man auf einer eingesetzten Platte eingemeißelt hatte.[14] Die Probleme der hier beschäftigten Bildhauer und Maler waren damals mindestens so groß wie die Sorgen der Konservatoren, die heute alles tun, um diese Kunstwerke zu retten.

Was im Innern der Grabkapelle des Priesters Temi erhalten blieb, deutet jedoch darauf hin, daß der Grund, weshalb man den unteren Teil der Fassade ohne Dekoration ließ, auch von ganz anderer Natur sein könnte. Hier wurde nämlich das ikonographische Motiv von großer propagandistischer Tragweite, das normalerweise auf den Fassaden der Gräber exponiert ist, direkt neben dem Eingang, in das Kapelleninnere versetzt, und zwar auf die dem Eingang gegenüberliegende Ostseite. Es war schon vom Grabeingang her hervorragend sichtbar, stellte

also eine Art von Visitenkarte des Verstorbenen dar und nimmt auch die ganze Fläche der langen Wand ein. Es handelt sich um acht Silhouetten des Grabbesitzers, die symmetrisch zu beiden Seiten des Eingangs verteilt sind und ihn jedesmal darstellen, wie er in die eigene Kultkapelle eintritt. Praktisch immer wird der Verstorbene in dieser Szene allein gezeigt, während den Priester Temi jedesmal eines von sechs Kindern begleitet, manchmal auch seine Ehefrau, eine Dame namens Seschseschat. Durch das Beispiel der im benachbarten Wesirgrab illustrierten Polygamie ermuntert, schauen wir uns nach einer zweiten Ehefrau um oder zumindest einer „Praktikantin", aber vergebens. Temi hatte nur eine Frau, und mit ihr vier Söhne und zwei Töchter. Wie sehr er sie lieben mußte, bezeugt der Umstand, daß er den durch die Tradition geheiligten ikonographischen Kanon aufgab und sich mit der Familie porträtieren ließ an der Stelle, wo andere allein auftreten. Die besondere Stellung des Grabbesitzers unterstreicht aber der Umstand, daß seine Silhouette jedesmal bedeutend größer als die ihn begleitenden Gestalten ist.

Sehr wahrscheinlich führten gerade die Besonderheit von Inhalten und Form, der emotionale Gehalt, den die Szene im Grab des Priesters enthält, zu ihrer Verlegung auf den repräsentativsten Ort im Innern der Grabanlage. Weder ihm noch seiner Familie drohten hier Angriffe potentieller Bilderstürmer, wie das – wir erinnern uns – im Grab des Merefnebef geschah. Denn die Zeiten waren turbulent und man mußte auf alles gefaßt sein. Davon zeugen zahlreiche absichtlich ausgemeißelte Reliefs in vielen anderen Gräbern der Regierungszeit Pepis I.[15] Die Änderung des Anbringungsortes, ihre Verlegung in das Innere des Grabes, wäre also ein typischer Akt des Selbstschutzes in Zeiten wachsender Gefährdung gewesen, die durch den Zusammenbruch der politisch-gesellschaftlichen Ordnung am Ende des Alten Reiches verursacht wurde.

Nicht nur die Ostwand der Grabkapelle setzt uns hier durch ihren Inhalt und ihre Form in Erstaunen. In der Westwand, die sich zu beiden Seiten des Eingangs hinzieht, sind drei gewaltige „Scheintüren" ausgemeißelt, von denen jede für Temi beschriftet ist. Während aber die „Tür" in der Nordwestecke der Kapelle vollständig fertiggestellt ist, einschließlich der überreichen Bemalung, die das Relief bedeckt, tragen die „Türen" im Südteil der Wand alle Zeichen der Unfertigkeit. Man war noch nicht dazu gekommen, auf das Relief Farben aufzutragen, während sich an vielen Stellen Reste der vor Beginn der Reliefierung angebrachten

---

[14] K. MYŚLIWIEC, *Święte Znaki Egiptu (2. Auflage)*, Warszawa 2001, pl.XXII.

[15] N. KANAWATI, *Conspiracies in the Egyptian Palace, Unis to Pepy I*, London and New York 2003, S. 25-137.

Skizzen erhalten haben. Es stellt sich daher die Frage, vor welchen oder hinter welchen dieser „Türen" sich der Grabschacht befindet, an dessen Ende sich die Kammer mit dem Körper des Verstorbenen befindet. Es wäre logisch, wenn man zuerst in Eile diejenige „Tür" fertiggestellt hätte, durch die hindurch die Seele des Verstorbenen den kürzesten Weg zu den auf dem Opfertisch niedergelegten Speisen hatte. Den Schacht müßte man also bei der nördlichen „Tür" suchen, wo die Reliefs auf der benachbarten Wand ebenfalls ganz fertiggestellt sind. Der einzige Schacht jedoch, den es uns für den Moment im Boden der Kapelle zu identifizieren gelang, befindet sich gerade in ihrem gegenüberliegenden, Ende, vor der am weitesten im Süden liegenden nicht fertiggestellten „Tür". Aber vielleicht liegt der eigentliche Schacht doch an der erwarteten Stelle und ist nur vorderhand durch die dicke Schicht von Lehmbewurf verdeckt, die den Boden in der Nordwestecke bedeckt? Dieses und andere Rätsel werden sich erst in der nächsten Kampagne klären, die für den Herbst des laufenden Jahres geplant ist.

Besieht man sich die einzige fertiggestellte „Scheintür" näher, kann man ihre spezifische Dekoration nicht übersehen, insbesondere die Bemalung. Während nämlich die Eleganz der Grabkunst dieser Epoche verlangte, daß eine „Scheintür" einen Hintergrund in roter Farbe habe, der Granit imitiert, und alle Hieroglyphenzeichen einfarbig, meist grün seien, entschied man sich in diesem Fall ausnahmsweise für eine ungewöhnlich reiche Mehrfarbigkeit, als wolle man mit den Hieroglyphenzeichen die ganze Palette des Malers illustrieren. Dieses Farbmosaik erscheint auf einem schneeweißen Hintergrund. Ob das den damaligen Ästheten, ähnlich wie uns, auch etwas naiv, provinziell oder sogar billig vorkam? Und vielleicht sollten wir in dieser ästhetischen Buntgescheckheit ein Vorzeichen der sich mit großen Schritten nähernden Zwischenzeit sehen, in der die uralten Kanons auf die eine oder andere Art einer bedeutsamen Lockerung unterliegen sollten? Die besondere Funktion gerade dieser „Scheintür", mit der wir immer noch Hoffnungen in Sachen Grabschacht verbinden, ergibt sich aus dem Umstand, daß sich genau hier ein schöner, reich beschrifteter, aus weißem Kalkstein hergestellter Opfertisch befunden hatte. Leider war er schon im Altertum durch irgendjemanden aus seinem ursprünglichen Kontext herausgerissen und auf die andere Seite der Kapelle geworfen worden, wo wir ihn auf dem Boden unter einer Schuttschicht fanden.

Eine besondere Dramatik enthüllt jedoch, was wir an der Nordwand der Kapelle entdeckten. Hier erblickten wir einen hohen Schutthaufen, der sich an ein gewaltiges Loch in der Wand anschloß, wo der mittlere Teil einer wunderschönen mehrfarbigen „Opferliste" völlig zerstört war. Eine sorgfältige Untersuchung ergab, daß der brüchige Fels dem Druck der Erde nicht standgehalten hatte, die den Grabschacht eines anderen Würdenträgers ausfüllte, der im Fels direkt hinter der Kapellenwand ausgehauen war. Die Wand stürzte mit ihrer Dekoration zu Boden, und eine Schuttlawine, die sich aus dem Schacht ergoß, zertrümmerte das Relief in Hunderte von Bruchstücken. Wir finden sie im Schutthügel wieder und heben sie zur Konservierung auf. Unsere Konservatoren hatten schon lange kein derartiges Puzzle mehr zusammenzusetzen! Und was ihnen zusammenzusetzen nicht gelingt, wird das Wissen und die Vorstellungskraft der Ägyptologen ergänzen müssen. Die Katastrophe muß schon gegen Ende des Alten Reichs passiert sein, da wir in dem Schutt, der recht viel Keramik enthielt, keine Scherben aus späterer Zeit finden konnten. Der praktische Sinn der Ägypter ließ sie diesen Schutt sogleich für eine neue, recht arme Bestattung verwenden. Im Moment der Entdeckung lag das Skelett einer anonymen Person im Erdhaufen an der nördlichen Wand. Oder waren das vielleicht die Überreste einer Person, die sich bemüht hatte, die einstürzende Wand zu retten, aber von einer Schicht von Schutt verschüttet wurde, der noch rascher aus dem Innern des Schachtes hinunterrutschte?

Eine weitere, vielleicht noch größere, nämlich die Architektur betreffende Überraschung erwartete uns außerhalb des Grabes. Es wäre zu erwarten gewesen, daß die Front der Felsterrasse, die sich so hervorragend zur Anlegung der Gräber weiterer Würdenträger eignete, hinter der Grabkapelle des Priesters in gerader Linie weiter nach Norden läuft. Und wieder überstieg die Realität das Vorstellungsvermögen. Direkt hinter der Grabanlage „dreht" die Felswand im rechten Winkel nach Westen ab, und etwas weiter knickt sie erneut um, so daß sie insgesamt eine Art von gemütlichem „Innenhof" mit einer in ungleichmäßigen Terrassen von Süden nach Norden abfallenden Fläche schafft, vom Vorhof des Grabes des Wesirs zum Vorhof des Grabes des Priesters. Temi sollte aber nicht der einzige Nutznießer dieses Hofes sein. Direkt hinter der Ecke befinden sich nämlich in der nördlichen Fassade die zwei nächsten Gräber mit aus dem Fels gehauenen Kultkapellen. Aber keines von ihnen wurde vollendet, und vielleicht wurde auch keines von ihnen benutzt. Der unmittelbare Nachbar des Priesters schaffte es zwar, seine „Idealbiographie" in die Felsfläche über dem Eingang zu Kapelle einmeißeln zu lassen, aber ihr Schlußstück, das den Namen des Verstorbenen enthielt, wurde schon im Altertum vollkommen zerstört.

Der Grabeigentümer bleibt daher anonym. Seine Kultkapelle sollte zwar größer als die im Grab des Temi sein, aber ihre Wände erfuhren keine Dekorierung. Das dritte Grab am Ende dieser Reihe sollte kleiner und von bescheidenerer Gestalt sein. Man kam jedoch nicht dazu, auf seinen Wänden auch nur eine einzige Hieroglyphe einzumeißeln.

Die Abfolge dieser drei Gräber scheint symbolisch für die Schlußphase des Alten Reichs zu sein. Der stufenweise Niedergang der Zentralmacht und der Zerfall der gesellschaftlichen Ordnung, die ein halbes Jahrtausend hindurch ausgezeichnet funktioniert hatten, läßt langsam die schöpferischen Kräfte erlöschen, läßt jedoch Freiraum für menschliche Ambition und Phantasie.

Abb. 17 - Die unvollendeten Reliefs und Reste der ursprünglichen Skizzen auf der Südwand der Grabkapelle des Ni-anch-Nefertem. (Foto: M. Jawornicki, W. Jerke).
Copyright aller Aufnahmen dieses Artikels:
Polish Center for Mediterranean Archaeology, Warsaw University.

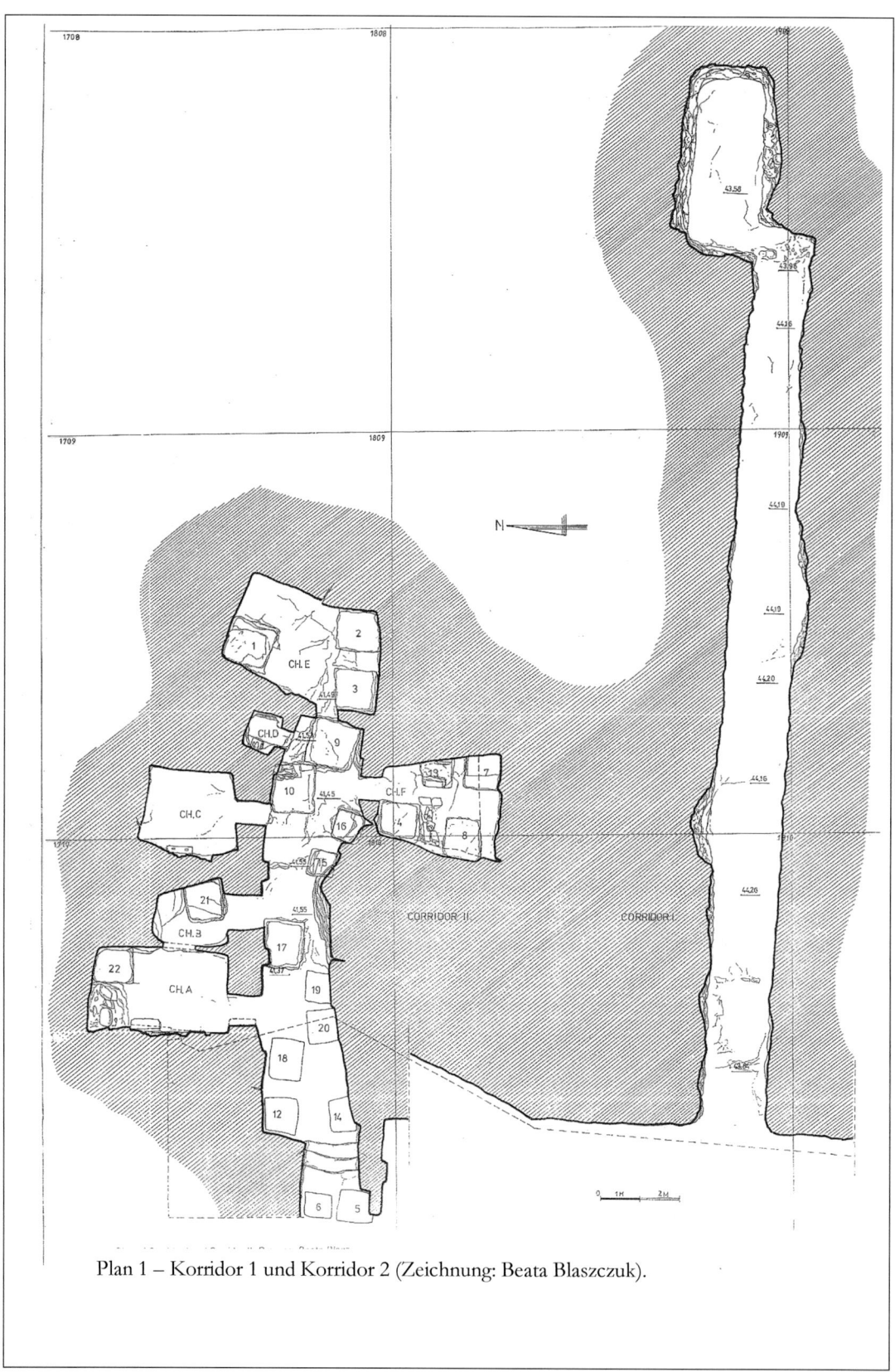

Plan 1 – Korridor 1 und Korridor 2 (Zeichnung: Beata Blaszczuk).

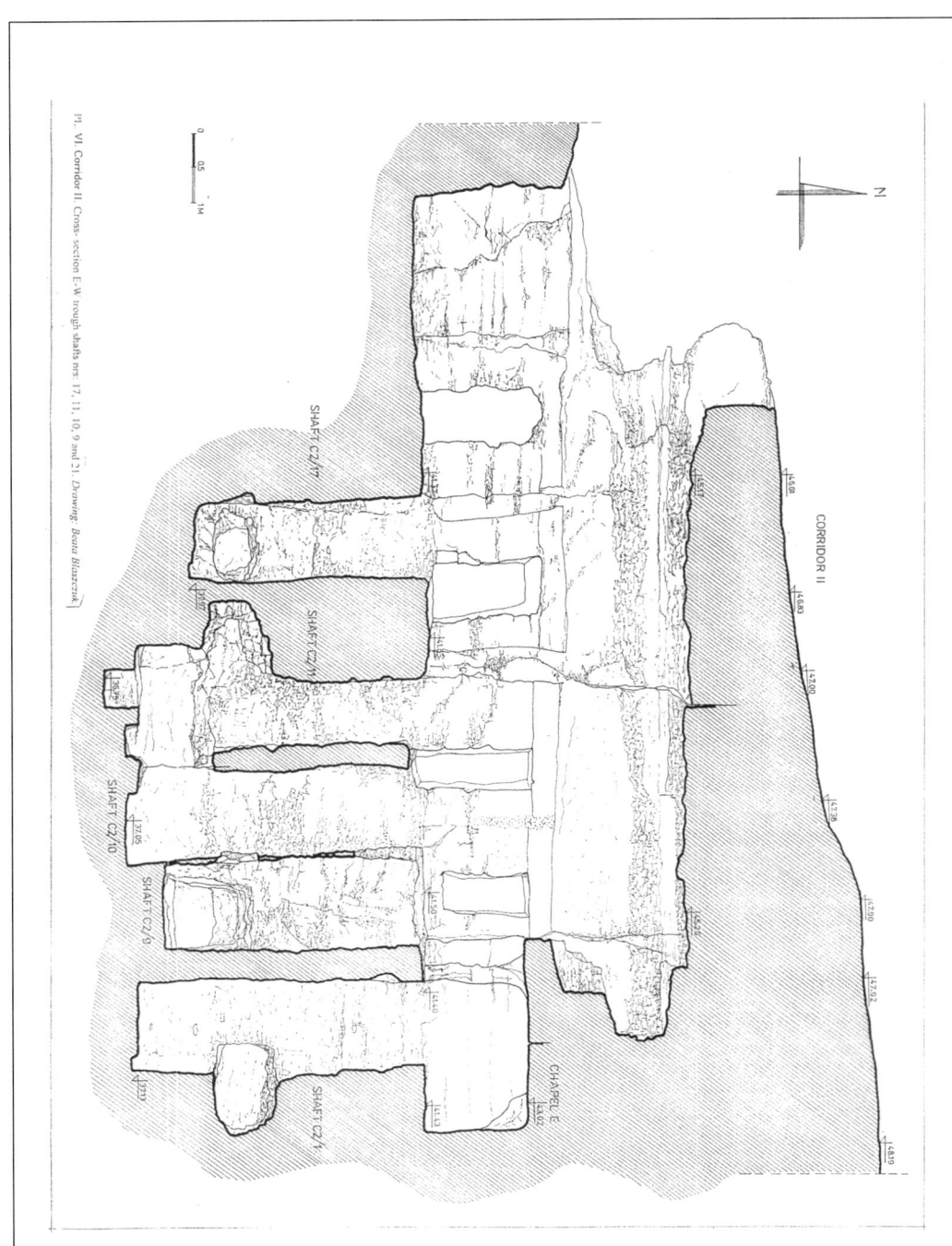

Plan 2 – Querschnitt E-W durch die Schächte Nr. 17, 11, 10, 9 und 21.
(Zeichnung: Beata Blaszczuk).

**Berühmt wurde er durch die sensationelle Entdeckung seines damals ungeplünderten Königsgrabes – doch darüber hinaus war er noch in anderer Hinsicht von Bedeutung: Tutanchamuns Regierungszeit fiel in eine Epoche des religiösen und gesellschaftlichen Wandels.**

# Tutanchmamun und seine Zeit

**von Jan Assmann**

Tutanchamun gehört wie Echnaton und die Königin Hatschepsut zu den vergessenen Pharaonen der ägyptischen Geschichte, deren Namen aus den Königslisten und der offiziellen ägyptischen Erinnerung gestrichen wurden und die erst durch die moderne ägyptologische Forschung wieder ans Licht gekommen sind. Heute freilich zählt sein Name zu den berühmtesten, weit über die Ägyptologie hinaus bekannten Gestalten der ägyptischen Geschichte. Die Grundlage für diesen plötzlichen Ruhm ist sein unberührtes Grab mit dem märchenhaften Prunk seiner unermeßlichen Schätze, dessen geradezu romanhafte Auffindung im Jahre 1922 die größte archäologische Sensation des 20. Jahrhunderts, vielleicht sogar aller Zeiten darstellt. Auf diesen Fund gründet sich der „Mythos Tutanchamun", dem auch die neueste Basler Ausstellung gewidmet ist.

Tutanchamun ist aber auch ganz unabhängig von seinem Grab eine weder unwichtige noch unbekannte Persönlichkeit der ägyptischen Geschichte. In diesem Beitrag möchte ich einmal den Versuch machen, ein Bild von Tutanchamun und seiner Zeit zu entwerfen, wie es uns andere Quellen außerhalb seines Grabes erschließen. Die wichtigste Quelle ist die „Restaurationsstele" aus dem Tempel von Karnak, die heute im Museum von Kairo zu sehen ist. Dieses Denkmal ist 15 Jahre vor dem Grab aufgefunden worden, ohne daß dieser Fund die geringste Sensation gemacht hätte.[16] Dabei bezeugt es Tutanchamuns Rolle in einem der entscheidendsten Wendepunkte der ägyptischen Geschichte. Wir stehen vor der paradoxen Situation, daß uns das Grab bei all dem überwältigenden

Reichtum an sensationellen Funden über Tutanchamuns geschichtliche Stellung so gut wie keine Aufschlüsse vermittelt. Wir wüßten nicht allzuviel weniger über diesen König, wenn wir sein Grab nicht kennten, uns würden aber ganz entscheidende historische Informationen abgehen, wenn uns die „Restaurationsstele" fehlte.

Tutanchamun ist der Pharao der Rückkehr von Aton zu den alten Göttern und von Amarna zu den alten Hauptstädten Memphis und Theben. Der Rückblick, den er in seiner Restaurationsstele auf die Amarnazeit wirft, ist eine der ganz wenigen Stellungnahmen der Ägypter zu dieser außerordentlichen Episode ihrer Geschichte, und unter diesen wenigen die bei weitem ausführlichste und expliziteste. Ich gebe hier nur den Abschnitt wieder, der sich mit der jüngsten Vergangenheit, der eben zurückliegenden Amarnazeit beschäftigt:

*Die Tempel der Götter und Göttinnen*
*    von Elephantine bis zum Delta*
*waren im Begriff, einzustürzen,*
*ihre Heiligtümer waren vom Verfall bedroht,*
*sie waren Schutthügel geworden,*
*bewachsen mit Disteln.*
*Ihre Kapellen waren, als seien sie nie gewesen,*
*ihre Tempelanlagen waren ein öffentlicher Weg.*
*Das Land war von Krankheit (znj-mnt) befallen,*
*die Götter hatten diesem Land den Rücken gekehrt.*
*Wenn man Soldaten nach Syrien schickte,*
*um die Grenzen Ägyptens zu erweitern,*
*dann hatten sie keinen Erfolg.*
*Wenn man einen Gott anrief, um ihn um etwas zu bitten,*
*dann kam er nicht.*
*wenn man eine Göttin anbetete, ebenso,*
*dann kam sie nicht.*
*Ihre Herzen waren schwach geworden in ihren Leibern,*
*denn 'sie' hatten das Geschaffene zerstört.*[17]

Dieser unschätzbare Text wirft ein einzigartiges Schlaglicht auf eine ganz außerordentliche Zeit. Die ersten Sätze beschreiben einen katastrophalen Zustand des Verfalls, in den Echnatons monotheistischer Umsturz die Tempel der alten Religion gestürzt hatte. In ähnlicher Weise hatte die Königin Hatschepsut fast 200 Jahre früher den Zustand beschrieben, in dem sie die Tempel des Landes nach der Herrschaft der asiatischen Hyksoskönige vorgefunden hatte:

*[35]Hört, ihr Menschen alle,*
*ihr Untertanen soviel Ihr seid!*
*Ich habe dies getan als Planung meines Herzens,*
*[36] nicht schlief ich in Vergeßlichkeit.*

[16] GEORGES LEGRAIN, „La grande stèle de Toutankhamanou à Karnak", in: *Receuil des Travaux* 29, 1907, S. 162-173.

[17] Urkunden der 18. Dynastie. Heft 22 bearbeitet von WOLFGANG HELCK. *Inschriften der Könige von Amenophis III. bis Haremheb und ihrer Zeitgenossen*, Berlin 1958, 2025ff.

*Ich habe befestigt, was verfallen war*
*und habe aufgerichtet was zergliedert war*
*vorher,* [37] *als die Asiaten im Nordland, in Avaris waren,*
*streunende Horden waren unter ihnen,*
[38] *die das Geschaffene zerstörten.*
*Sie herrschten aber ohne den Sonnengott*
*und er handelte nicht*
*durch einen Gottesbefehl bis hin zu meiner Majestät,*
*während ich dagegen dauere* [39] *auf dem Thron des Re,*
*nachdem ich prophezeit worden war für eine kommende*
*Epoche*
*als eine geborene Eroberin ('sie entsteht und sie erobert').*

*Ich bin gekommen als Einziger Horus*
[40] *und speie Feuer gegen meine Feinde.*

*Ich habe den Abscheu der Götter entfernt*
*und das Land hat ihre Fußspuren vertilgt.*
*Das war eine Weisung des* [41] *Vaters der Väter,*
*die erging zu seiner, des Re, Zeit.*[18]

Die Wendung „das Geschaffene zerstören" ist
beiden Texten gemeinsam. Beide Texte werfen
einen Blick zurück auf eine Epoche der Verwüstung
und Vernachlässigung, in der frevelhafte und
illegitime Herrscher „das Geschaffene zerstörten".
Sie führen den katastrophalen Zustand in dem sie
das Land vorfinden, auf eine gottlose Vergangenheit
zurück. Das Land, schreibt Tutanchamun, „machte
eine schwere Krankheit durch" – das ist sicher nicht
wörtlich, sondern metaphorisch zu verstehen. Die
Wendung begegnet auch in literarischen Chaosbeschreibungen wie den Prophezeiungen des
Neferti und den Klagen des Chacheperreseneb.[19]
Das sind Klassiker der ägyptischen Literatur, hoch-
berühmte Werke, die man in der Schule lernte. Die
Ausmalung schrecklichster Leidenszeit muß als eine
besondere literarische Hochleistung gegolten haben;
jedenfalls handelt es sich hier um eine bekannte und
geschätzte Topik, in deren Licht Hatschepsut und
Tutanchamun die Vergangenheit stellen, auf die sie
zurückblicken. Beide nehmen für sich in Anspruch,
eine schwere Leidenszeit beendet und das Land
wieder in seinen Heilszustand zurückgeführt zu
haben. Sie treten als Heilskönige auf, die eine
Heilswende heraufführen. Zu dieser Topik hat man
in Ägypten nur in Ausnahmefällen gegriffen, die
Heilswende ist ein echter Ausnahmezustand.[20]
Amenemhet I., der erste König der 12. Dynastie, hat
sich in den erwähnten Prophezeiungen des Neferti

als ein solcher messianischer Heilskönig darstellen
lassen und für sich in Anspruch genommen, der
ersten Zwischenzeit als einer furchtbaren Leidenszeit ein Ende bereitet zu haben. Im gleichen Sinne
nimmt Hatschepsut die Wende von der zweiten
Zwischenzeit zum Neuen Reich für sich in
Anspruch: mit ihr beginnt das Neue Reich, sie ist
die lang prophezeite Heilskönigin, die der Leidenszeit der Fremdherrschaft ein Ende machte. In
diesen Spuren geht Tutanchamun, wenn er die
Amarnazeit als schwere Krankheit, d.h. Leidenszeit bezeichnet. Indem er die Register der Chaosbeschreibung zieht, stellt er die Amarnazeit in eine
Reihe mit den jahrhundertelangen Epochen eines
Totalzusammenbruchs der Zentralherrschaft, die
wir „Zwischenzeiten" nennen: das Land war in
„schwerem Leiden". So heißt es z.B. in den
Prophezeiungen des Neferti:

*Ich zeige dir das Land in schwerem Leiden.*
*Der Schwache ist jetzt stark,*
*man grüßt den, der sonst grüßte.*
*Ich zeige dir das Unterste zuoberst,*
*was auf dem Rücken lag, hat jetzt den Bauch unten.*
*Man wird auf dem Friedhof leben.*
*Der Bettler wird Schätze aufhäufen.*
*Die Geringen werden Brot essen,*
*die Dienstboten werden erhoben sein.*[21]

Für Neferti besteht das schwere Leiden in der Um-
kehrung der Sozialordnung, und nicht etwa im
Verfall der Tempel, geschweige denn in einer
Epidemie. Das Wort kommt auch in einer anderen
Chaosbeschreibung aus dem Mittleren Reich vor,
den Klagen des Chacheperreseneb. Dort bezieht es
sich auf den Verfall der Ma'at, das heißt der auf
Recht und Solidarität beruhenden Gemeinschaft
der Menschen untereinander und mit den Göttern:

*Das Land ist aufgewühlt, zerstört, verwüstet.*
*Ma'at ist hinausgeworfen,*
*Isfet herrscht in der Ratsversammlung;*
*Die Pläne der Götter werden mißachtet,*
*ihre Opferversorgung vernachlässigt.*
*Das Land ist in schwerem Leiden,*
*Jammer überall, Städte, Bezirke schreien laut,*
*alle sind gleichermaßen mit Unheil beladen.*
*Man achtet keine Würde mehr,*
*die Herren des Schweigens sind gestört.*
*Das ganze Land ist in großem Unheil,*
*keiner ist frei von Verbrechen.*
*Herzen sind gierig.*[22]

[18] D. B., REDFORD, „Textual Sources for the Hyksos Period", in:
*The Hyksos*, S. 1-44. A.H. GARDINER, „Davies' copy of the great
Speos Artemidos inscription", in: *JEA* 32 (1946), S. 43-56.
[19] J. ASSMANN, *Stein und Zeit. Mensch und Gesellschaft im Alten
Ägypten*, München 1991, 273f.
[20] S. hierzu ASSMANN „Königsdogma und Heilserwartung", in:
*Stein und Zeit*, 259-287.

[21] Neferti 54-56, ed. WOLFGANG HELCK, *Die Prophezeiungen des
Neferti*, Wiesbaden 1970, 46f.
[22] Schreibtafel BM 5645, ed. A.H. GARDINER, *The Admonitions of
an Egyptian Sage*, Leipzig 1909.

Bei Tutanchamun nun bezieht sich die Rede von der schweren Leidenszeit eindeutig auf die vernachlässigten Kulte. Sie waren der Grund für die Leiden, denn „die Götter hatten sich von diesem Land abgewendet". Die Abwendung der Götter aber äußerte sich vor allem und in erster Linie in militärischem Mißerfolg. Wenn man ein Heer nach Syrien schickte,

*um die Grenzen Ägyptens zu erweitern,*
*dann hatte es keinen Erfolg.*

Das ist nun allerdings ein ganz neues Motiv in der Topik der Chaosbeschreibungen. Davon, daß ein Heer nichts ausrichten könne, war im Zusammenhang von Leidenszeiten bisher nie die Rede gewesen. Wir haben es hier offenbar nicht mit einem literarischen Topos, sondern mit einer wirklichen historischen Erfahrung zu tun. Die Amarnazeit wurde in erster Linie als eine politische, und zwar außen- oder geradezu asienpolitische Krise empfunden. Diese Krise wurde auf die Abwendung der Götter zurückgeführt.

Daß die Götter sich abgewendet hatten, spürte man aber nicht nur am Mißerfolg des Heeres, sondern überhaupt, wenn man göttlichen Beistand brauchte:

*Wenn man einen Gott anrief, um ihn um etwas zu bitten,*
*dann kam er nicht.*
*wenn man eine Göttin anbetete, ebenso,*
*dann kam sie nicht.*

Hier geht es doch wohl noch um anderes als um Außenpolitik. Man möchte vermuten, daß mit diesem „man" jeder einzelne gemeint ist, der sich bittend an eine Gottheit wandte, und nicht etwa nur der Priester, der im Auftrag des Königs den Segen der Götter für die Wohlfahrt des Landes erfleht.

Was mag das für eine Form religiöser Kommunikation sein, die hier vorausgesetzt wird: daß „man" eine Gottheit anrief und sie dann „kam"? Diese Frage lädt zu einem kleinen Exkurs in das Gebiet der „Persönlichen Frömmigkeit" ein. Darunter versteht man in der Ägyptologie eine religiöse Strömung, die für die Epoche nach der Amarnazeit, die Ramessidenzeit, kennzeichnend ist: daß ein Einzelner sich im persönlichen Gebet – und nicht etwa, wie es üblich ist, bevollmächtigte Priester in kultischen Anrufungen – an eine Gottheit wenden konnte und dann sogar ihr Kommen erfahren konnte.[23] Ansätze solcher neuer Formen finden sich bereits aus früherer Zeit. So wurden z.B. in Theben schon aus der Zeit Amenophis' II. Kalkstein-

scherben mit Gebeten gefunden, die Einzelne offenbar vor dem in Prozession ziehenden Gott Amun auf den Weg gelegt haben:

*Amun, komm zu mir in Gnaden,*
*auf daß ich die Schönheit deines Angesichtes schaue.*
*Oh schönes Antlitz des Amun,*
*das alle Welt erblickt –*
*die Menschen betrachten es bis zur Trunkenheit*
*mehr als alle schönen Farben.* [24]

*Amun-Re, groß an Zorn, aber auch Herr der Gnade*
*gewähre, daß ich (dich?) schaue*
*bei Tage und bei Nacht,*
*erleuchte meinen Weg!*
*Wende mir dein Antlitz zu,*
*Du bist der Geliebte, du bist es, der sich zur Gnade wendet*
*nach dem Zorn!* [25]

In diesen Texten geht es zentral um den Anblick Gottes. Gott schauen ist eine Metapher für die gnädige Zuwendung der Gottheit, Gottes Unsichtbarkeit steht für zornige Abwendung. Auf diese Metaphorik werden wir im Folgenden noch öfter stoßen, sie spielt in unserem Zusammenhang eine große Rolle.

Diese Form nun, mit einer Gottheit zu reden, außerhalb der rituellen Formen kultischer Kommunikation, nennen wir „Persönliche Frömmigkeit". Das entwickelt sich in Theben, im Zusammenhang der großen Feste, offenbar schon unter Hatschepsut und Thutmosis III. und wird zusammen mit diesen Festen in Amarna wieder abgeschafft. Die Amarna-Religion kennt solche Formen einer unmittelbaren Gott-Mensch-Beziehung nicht und schließt sie offenbar kategorisch aus. In dieser Hinsicht bringt sie nicht das Neue, sondern stellt sich dem Neuen entgegen und entpuppt sich als eine restaurative Bewegung, die das königliche Monopol auf jede persönliche Gottesbeziehung wiederherstellen will. Wir können das hier nicht vertiefen, aber es ist wichtig, sich klar zu machen, daß die Amarna-Religion auch einen stark restaurativen Zug hat und eine Entwicklung verhindern will, die dann nach dem Scheitern der Amarna-Religion erst recht voll zum Durchbruch kommt. Jetzt wird genau das gängige Praxis, was Echnaton ausgeschlossen hatte. Einzelne beten zu ihren Göttern. Betende, die das Kommen der Gottheit erfahren haben, errichten seine Stele, um diese Erfahrung zu verewigen und zu veröffentlichen.

---

[23] S. hierzu ASSMANN, *Ägypten. Eine Sinngeschichte*, München 1996, 259-277.

[24] oCairo CG 12202 verso, ed. POSENER, *loc.cit.* 202.
[25] oCairo CG 12202 recto, ed. POSENER, „La piété personelle avant l'âge amarnien", in: *RdE* 27, 1975, 195-210, 201.

In der Regel haben diese Stelenstifter eine schwere persönliche Leidenszeit durchgemacht, die sie, genau wie Tutanchamun, auf eine Schuld, eine Versündigung an einer Gottheit zurückführen. In ihrer Not geloben sie, im Falle ihrer Rettung eine Stele zu errichten und die rettende Intervention der Gottheit darauf zu veröffentlichen und zu verewigen.

Ich möchte hier zwei solcher Texte in größeren Ausschnitten anführen, um einen Eindruck von der geradezu an biblische Psalmen erinnernden Großartigkeit und Innigkeit dieser Sprache zu geben. Der erste Text steht auf einer Stele, die ein gewisser Nebre dem Gott Amun errichtet hat:

*Du bist AMUN, der Herr des «Schweigenden»,*
*der kommt auf die Stimme des Armen!*
*Ich rief zu dir, als ich traurig war,*
*und du bist gekommen, daß du mich rettetest.*

*Du gabst Luft dem, der in Bedrängnis war,*
*du rettetest mich, da ich in Banden lag.*
*Du bist AMUN-RE, der Herr von Theben,*
*du rettest den, der in der Unterwelt ist;*
*denn du bist es ja, [der gnädig ist,] wenn man zu ihm ruft,*
*du bist es ja, der aus der Ferne kommt!*

*Es waren ihm Hymnen verfaßt worden auf seinen Namen,*
*weil seine Kraft so groß war;*
*es waren ihm Gebete gemacht worden vor seinem Angesicht,*
*in Gegenwart des ganzen Landes,*
*zugunsten des Vorzeichners Nachtamun, gerechtfertigt,*
*als er krank darniederlag am Rande des Todes,*
*als er in der Gewalt AMUNS war wegen jener seiner Kuh.*

*Da fand ich,*
*    daß der Herr der Götter gekommen war als Nordwind,*
*süßer Lufthauch ihm voraus;*
*er rettete den Schreiber des AMUN,*
*Nachtamun, gerechtfertigt,*
*den Sohn des Vorzeichners des AMUN in Der el-Medine,*
*Nebre, gerechtfertigt,*
*geboren von der Hausherrin Pasched, gerechtfertigt.*[26]

Die Leidenszeit bestand hier in einer schweren Krankheit, die der Sohn des Stelenstifters durchgemacht hat und die als göttliche Strafe interpretiert wird. In dieser Zeit der Not gelobt der Vater, Nebre, eine Stele mit Hymnen und Gebeten an Amun aufzustellen, und durfte wirklich erfahren, daß Amun „kam", als man ihn rief, und den kranken Sohn rettete.

Ein gewisser Neferabu sagt von der Göttin Meretseger in einem entsprechenden Stelentext:

*Sie ist gekommen, Nordwind ihr voraus,*
*da ich (sie) rief bei ihrem Namen.*[27]

Kiki erzählt in einer Inschrift seines Grabes von der Göttin Mut:

*(So) rief ich zu meiner Herrin*
*und fand, daß sie zu mir gekommen war in süßem Hauch.*[28]

In diesen Texten berichten normale Menschen (und nicht etwa Priester) davon, wie sie in ihrer Not zu einer Gottheit riefen und fanden, daß sie gekommen war. Ich nehme an, daß es diese Praxis ist, auf die Tutanchamun sich bezieht, wenn er schreibt, daß in der Amarnazeit die Götter und Göttinnen nicht mehr kamen, wenn man sie rief.

Der zweite Text ist als Graffito in einem thebanischen Grab aufgezeichnet:

*Lob spenden dem AMUN,*
*die Erde küssen vor WANNAFRE,*
*seitens des Web-Priesters*
*    und Schreibers der Gottesopfer des AMUN*
*im Tempel des Semenchkare in Theben,*
*Pawah, geboren von Jtjsenb;*

*Er sagt: mein Herz (trachtet danach),*
*    dich zu sehen, Herr der Persea-Bäume,*
*wenn dein Hals Blumenkränze empfängt!*
*Du gibst Sättigung, ohne zu essen,*
*du gibst Trunkenheit, ohne zu trinken.*

*Mein Herz wünscht dich zu sehen, Freude meines Herzens,*
*AMUN, du Kämpfer des Armen!*
*Du bist der Vater des Mutterlosen,*
*der Gatte der Witwe.*

*Wie lieblich ist es, deinen Namen zu nennen,*
*er ist wie der Geschmack des Lebens,*
*er ist wie der Geschmack von Brot für ein Kind,*
*(wie) ein Gewand für den Nackten,*
*wie der Duft eines Blütenzweiges*
*zur Zeit der Sommerhitze.*

*(...)*
*Wende dich uns wieder zu, du Herr der Ewigkeit,*
*du warst hier, als noch nichts entstanden war,*
*und du wirst hier sein, wenn sie zu Ende sind.*
*Du lässest mich Finsternis sehen, die du gibst -*
*leuchte mir, daß ich dich sehe!*

*So wahr dein Ka dauert,*
*    so wahr dein schönes Angesicht dauert,*
*du wirst kommen von fern*

---

[26] ASSMANN, *Ägyptische Hymnen und Gebete* (ÄHG), 2. Aufl. Fribourg 1999, 371-375 Nr. 148.

[27] Ibd., Nr. 149, S. 376, Verse 22f.
[28] Ibd., Nr. 173, S. 402, Verse 23f.

*und geben, daß der Diener da,*
 *der Schreiber Pawah, dich erblickt.*
*Gib ihm «Wie dauert der Sonnengott!»*

*Oh, wie gut ist es, dir zu folgen, AMUN,*
*der Herr, groß an Offenbarung (w. «Gefundenwerden»)*
 *für den, der ihn sucht.*
*Vertreibe die Furcht, gib Freude in das Herz der Menschen!*
*Wie freut sich das Gesicht, das dich schaut,*
*AMUN! Es ist im Fest Tag für Tag.*[29]

Pawah sehnt sich nach dem Anblick Amuns. „Mein Herz sehnt sich danach, dich zu schauen" beginnt er und wiederholt diesen Satz gleich am Anfang der nächsten Strophe. „Du lässest mich Finsternis sehen, die du gibst – leuchte mir, daß ich dich sehe", damit ist gewiß nicht physische Blindheit gemeint, wie bisher immer angenommen, sondern die Erfahrung der Abwendung Gottes.

In diesem Zusammenhang könnte das Motiv der Unsichtbarkeit Gottes noch ganz etwas anderes zu bedeuten haben als persönliches Unglück, das als göttliche Ungnade gedeutet wird. Dieses Graffito wurde nämlich unter König Semenchkare aufgezeichnet, der zwischen Echnaton und Tutachamun, also noch in der Verfolgungszeit regierte. Hier geht es offenbar um die Unsichtbarkeit des während der Amarnazeit verfolgten und vertriebenen Gottes. Dieser Text führt uns also nach unserem Exkurs in die Persönliche Frömmigkeit wieder zu unserem Thema zurück und zeigt uns, wie die Dinge zusammenhängen: die Persönliche Frömmigkeit war während der Amarnazeit radikal unterdrückt worden; in dieser Zeit kursierten in mündlicher Überlieferung Klagepsalmen, die von der Sehnsucht nach dem Anblick der Götter handeln, wie Pawah einen an verborgenem Ort aufgezeichnet hat. Nach Amarna kommt diese neue Religiosität voll zum Durchbruch.

Man hat die Götter auch vor Echnatons Umsturz nicht sehen können, denn das Kultbild ist im Tempel verborgen und nur dem diensthabenden Priester während bestimmter Riten des täglichen Kultrituals sichtbar. Pawah meint die Erscheinung Amuns im Fest. „Wenn dein Hals Blumenkränze empfängt", damit ist der Festschmuck der Kultbarke gemeint, in der Amun bei den großen thebanischen Festen aus dem Tempel auszieht und dem Volk erscheint. Diese Feste wurden in der Amarnazeit eingestellt: dadurch ist Amun für seine Stadt unsichtbar geworden, und diese Unsichtbarkeit wird von dem klagenden Beter als Finsternis empfunden, die Gott gibt, indem er sich entzieht.

Dieselbe Formel begegnet auch in einem anderen Text aus der Zeit des Tutanchamun, und zwar in einem kleinen Gebet an Tutanchamun selbst, das einer seiner hohen Beamten, der Vizekönig von Nubien namens Huja an ihn gerichtet und auf einer Stele aufgezeichnet hat:

*Komm in Frieden zu mir, mein Herr, Tutanchamun!*
*Ich sehe Finsternis, die du schaffst, Tag für Tag.*
*Leuchte mir, daß ich dich sehe!*
*Dann will ich deine Macht verkünden den Fischen im Fluß*
*[und den Vögeln im Himmel!].*[30]

Auch Huja beklagt sich gewiß nicht über Blindheit, sondern über die Abwesenheit des Königs, vielleicht ist er geradezu in Ungnade gefallen; jedenfalls bedient er sich derselben Formeln des Leidens, wie sie vermutlich während der Verfolgungszeit in der Stadt des Amun umliefen. Vielleicht stammt die Formel von der Finsternis am Tage aus der Totenklage; der Tod ist ja die radikalste Erfahrung von Abwendung und Abwesenheit. In einer Klage der Isis um den erschlagenen Osiris heißt es:

*Komm schnell zu mir!*

*Denn ich wünsche, dich zu sehen, nachdem ich dich nicht sah.*
*Vor mir hier liegt Finsternis, obwohl Re am Himmel steht.*
*Eins sind Himmel und Erde,*
*Schatten liegt heute über dem Land.*[31]

Auch Isis sehnt sich nach dem Anblick des Geliebten. Ihr hat der Tod diesen Anblick geraubt, bei Pawah ist es die Abwendung Amuns, bedingt durch die religiöse Revolution Echnatons. Daher heißt es ja auch unmittelbar vorher:

*Wende dich uns wieder zu, du Herr der Ewigkeit,*
*du warst hier, als noch nichts entstanden war,*
*und du wirst hier sein, wenn sie zu Ende sind.*

„Wenn sie zu Ende sind", mit diesem „sie" sind offenbar dieselben Frevler gemeint wie in der Restaurationsstele des Tutanchamun, wo es heißt „Sie haben das Geschaffene zerstört". Der monotheistische Umsturz des Echnaton hatte das Land in die Nacht der Gottesferne gestürzt. Das ist die Situation, in der Pawah seinen Klagepsalm an die Wand einer thebanischen Grabkammer gepinselt hat, die Leidenszeit, der Tutanchamun ein Ende

---

[29] Ibd., Nr. 147, 369f. vgl. hierzu ASSMANN, „Ocular Desire in a Time of Darkness. Urban Festivals and Divine Visibility in Ancient Egypt", in: *Torat ha-Adam (Jahrbuch für Religiöse Anthropologie/Yearbook of Religious Anthropology)* 1, 1994, 13-29.

[30] HELCK, *Urkunden der 18.Dyn.*, Heft 22, 1976.
[31] Pap. Bremner-Rhind (pBM 10188), 6,24-7,13; Pap. Ns-Ba-Neb-Djed I, G. BURKARD, *Spätzeitliche Osiris-Liturgien im Corpus der Asasif-Papyri. Übersetzung, Kommentar, formale und inhaltliche Analyse*, Wiesbaden 1995, 140f.; S. SCHOTT, *Altägyptische Liebeslieder*, Zürich 1950, Nr. 130.

gesetzt hat: eine Zeit, in der die Götter unsichtbar geworden waren und sich von den Menschen abgewendet hatten, so daß sie nicht „kamen", wenn man sie rief. Sie kamen nicht, weil, wie Tutanchamun sich ausdrückt, „ihre Herzen schwach geworden waren in ihren Leibern". Die Leiber der Götter sind die Kultbilder. Im Ritual werden sie beseelt; dieser Ritus heißt: „dem Gott sein Herz bringen."[32] Diese Riten sind von Echnaton abgeschafft und viele Kultbilder sogar beschädigt worden. Die unbeseelten Kultbilder sind unwirksam geworden und vermochten die Götter nicht mehr zu vergegenwärtigen.

Die von Echnaton verfolgten Götter sind unsichtbar geworden, das heißt: sie erscheinen nicht mehr in den festlichen Prozessionen, und die Menschen verzehren sich in Sehnsucht nach ihrem Anblick. Von dieser Sehnsucht legt das Graffito des Pawah ein bewegendes Zeugnis ab. Schon die frühen Gebete kreisten ja um das Thema der Gottesschau: „O schönes Antlitz des Amun, nach dessen Anblick das ganze Land sich sehnt."

Das Motiv der Sehnsucht nach dem Anblick der Götter erinnert an eine Legende, die der hellenistische Geschichtsschreiber Manetho überliefert und die seltsamerweise in der Zeit Echnatons spielt.[33] Dort heißt es, daß König Amenophis, gemeint ist Amenophis III., den Wunsch geäußert habe, „die Götter zu schauen". Der weise Amenophis Sohn des Hapu weissagt ihm, er müsse zuvor das Land von allen Aussätzigen[34] und 'Befleckten' (*miaroi* was auch „Schuldbefleckte" heißen kann) säubern: dann würde er die Götter schauen. Der König läßt 80 000 Personen, darunter Priester, zusammentreiben und in den Steinbrüchen Zwangsarbeit leisten. Die Aussätzigen organisieren sich unter einem Priester namens Osarsiph.[35] Der

gibt ihnen Gesetze, die alle ägyptischen Sitten auf den Kopf stellen. Das erste Gebot besteht darin, die Götter nicht zu verehren, das zweite, ihre heiligen Tiere und sonstigen Nahrungstabus nicht zu achten und das dritte, mit niemandem außer der eigenen Gruppe Umgang zu pflegen. Dann verbünden sich die Aussätzigen mit den Jerusalemitanern, vertreiben den König und errichten in Ägypten eine dreizehnjährige Schreckensherrschaft. Die Städte werden verbrannt, die Tempel zerstört, die Götterbilder vernichtet, die Sanktuare in Küchen umgewandelt und die heiligen Tiere am Spieß gebraten. Zum Schluß erfahren wir, daß Osarsiph, der Anführer, den Namen Moses annimmt. Schließlich jedoch gehen Amenophis und sein Enkel Ramses von Äthiopien aus mit vereinten Kräften gegen die Aussätzigen und ihre Verbündeten vor und werfen sie aus dem Lande.

In dieser Legende scheint die Amarna-Erfahrung nur noch sehr verzerrt und verschoben hindurch. Aus den Ketzern sind Aussätzige geworden und aus Echnaton ein rätselhafter Osarsiph. Thomas Mann benutzte diesen Namen für seinen Joseph, der sich in Ägypten so nennt, nämlich Osiris-Joseph, d.h. „Joseph in der Unterwelt". Tatsächlich könnte in Osarsiph der Name Joseph stecken, denn Manetho berichtet, Osarsiph habe sich später Moses genannt. Vielleicht sind hier Joseph, der Mann des Einzugs, und Mose, der Mann des Auszugs, zu einer einzigen Person und der Aufenthalt der Kinder Israels in Ägypten zu einer Periode von 13 Jahren zusammengeschmolzen. Andererseits darf man sich nicht wundern, daß die Amarna-Erfahrung hier in so entstellter Form auftaucht. Der Name Echnatons war ja aus den Königslisten gestrichen und seine Denkmäler zerstört worden. Jedenfalls sind es in dieser Legende die Aussätzigen, die den Anblick der Götter blockieren, und genau so ist die Amarnazeit offenbar auch von den Menschen empfunden worden.

Die Ägypter haben in jenen Jahren bereits ähnliche Erfahrungen durchgemacht wie anderthalb Jahrtausende später unter dem sich ausbreitenden Christentum, als die Götterbilder endgültig zerstört wurden und die Tempel zu Ruinen verfielen. Aus dem 3. nachchristlichen Jahrhundert stammt ein in griechischer, lateinischer und koptischer Sprache

---

[32] S. hierzu ASSMANN, „Einwohnung", in: in: T. HOFMANN, A. STURM (Hg.), *Menschenbilder, Bildermenschen. Kunst und Kultur im Alten Ägypten*, Norderstedt 2003, 1-14.

[33] Vgl. hierzu zuletzt ANTONIO LOPRIENO, *La Pensée et l'écriture*, Paris 2002, 110-115 sowie ASSMANN, *Die mosaische Unterscheidung oder der Preis des Monotheismus*, München 2003, 83-96.

[34] A.I. ELANSKAYA und O.D. BERLEV, „nshelket in Apophthegmata patrum und hoi lelobemenio in Manetho", in: *Coptology: Past, Present, and Future*, Studies in Honour of Roudolphe Kasser, OLA 61, 1994, 305-316, bes. 309ff. sehen in dem Motiv des Aussatzes eine Anspielung auf die als körperliche Mißbildungen verstandenen Sonderbarkeiten der Amarnakunst, wie sie in den Darstellungen Echnatons und der königlichen Familie auf den Grenzstelen von Amarna auch späteren Generationen noch augenfällig blieb. Ihres Erachtens ist Manetho der erste, der die königliche Ikonographie der Amarnazeit auf eine Krankheit hin deutete, nämlich Aussatz. Sie bringen dies mit einer Stelle bei Artapanos in Verbindung, der von dem Pharao Chenephres, unter dem Moses bei Hofe erzogen worden sein soll, sagte, er sei der erste aller Menschen gewesen, der von Elephantiasis entstellt worden sei (Jacoby, Die Fragm.d.griech.Hist. III C, Leiden 1969, Nr. 726).

[35] T. SCHNEIDER, *Ausländer in Ägypten während des Mittleren Reiches und der Hyksoszeit* I, *Die ausländischen Könige*, ÄAT 42, 1998, 76-98

---

deutet den Namen auf den Thronnamen *Wsr-ḫpr.w-Rˁw* (*ˀo(u)sesaphre* oder ähnlich) des Chamudi, eines Königs der 15. Dynastie (der Hyksos) und möchte die ganze Geschichte auf die Vertreibung der Hyksos beziehen. Das entspricht aber nicht der Absicht Manethos, der die Vertreibung der Hyksos in einem früheren Abschnitt berichtet hatte (S. 96-98). Es ist aber durchaus möglich, daß die Legende der Aussätzigen in ihrer langen Überlieferungsgeschichte Erinnerungen an die Hyksos-Zeit und damit auch den Namen dieses Herrschers integriert hatte.

überlieferter Text, der noch einmal in der klassischen Form der Prophezeiung die Schrecken einer Leidenszeit ausmalt, so wie über zwei Jahrtausende früher die Prophezeiungen des Neferti.

*Eine Zeit wird kommen, da wird es so aussehen, als hätten die Ägypter vergeblich die Gottheit verehrt mit frommem Herzen und unablässiger Hingabe und alle heilige Hinwendung zu den Göttern wird vergeblich und ihrer Früchte beraubt sein. Denn die Gottheit wird von der Erde wieder zum Himmel aufsteigen und Ägypten verlassen. Fremde werden dieses Land bevölkern, und die alten Kulte werden nicht nur vernachlässigt, sondern geradezu verboten werden. Von der ägyptischen Religion werden nur Fabeln übrig bleiben und beschriftete Steine. <...> Finsternis wird man dem Licht vorziehen und Tod dem Leben. Niemand wird seine Augen zum Himmel erheben. Den Frommen wird man für verrückt halten, den Gottlosen für weise und den Bösen für gut. <...>*
*Die Götter werden sich von den Menschen trennen - o schmerzliche Trennung! - und nur die bösen Dämonen werden zurückbleiben, die sich mit den Menschen vermischen und die Elenden mit Gewalt in alle Arten von Verbrechen treiben, in Krieg, Raub und Betrug und alles, was der Natur der Seele zuwider ist.*
*In jenen Zeiten wird die Erde nicht länger fest sein und das Meer nicht mehr schiffbar, der Himmel wird die Sterne nicht in ihren Umläufen halten noch werden die Sterne ihre Bahn im Himmel einhalten; jede göttliche Stimme wird notwendig zum Schweigen kommen. Die Früchte der Erde werden verfaulen, der Boden wird unfruchtbar werden und die Luft selbst wird stickig und schwer sein. Das ist das Greisenalter der Welt: das Fehlen von Religion (inreligio), Ordnung (inordinatio) und Verständigung (inrationabilitas).*[36]

Hier geht es genau wie in der Restaurationsstele des Tutanchamun um eine religiöse Leidenszeit. Auch dieser Text zeigt das Land in schwerem Leiden, und auch hier ist es die Abwendung der Götter, die diese Leiden verursacht. Dieser Text vermittelt einen Eindruck von dem geradezu traumatischen Kulturschock, den die Einführung des Christentums[37] und die Verfolgung der alten Religion deren Anhängern versetzte, und vielleicht dürfen wir uns die Erfahrung der Amarnazeit ähnlich vorstellen. Die Ägypter waren davon überzeugt, daß die Wohlfahrt des Landes und das Glück der Menschen, ja der

Fortbestand der Welt von den Riten und ihrer korrekten Durchführung abhängen: was muß es für sie bedeutet haben, daß die Riten abgeschafft und die Tempel dem Verfall preisgegeben wurden.

Zum Abschluß möchte ich aber noch einmal auf die merkwürdige Formulierung zurückkommen, mit der Tutanchamun seine Schilderung der Abwendung der Götter einleitet:

*Wenn man ein Heer nach Syrien schickte, um die Grenzen Ägyptens zu erweitern, dann hatte es keinen Erfolg.*

Dieses Detail gibt uns, so möchte ich vermuten, einen Hinweis auf die Kräfte, die hinter der Abschaffung von Echnatons monotheistischer Kultreform und der Restauration der alten Kulte durch Tutanchamun stehen. Denn es ist natürlich klar, daß diese Maßnahmen nicht von dem jungen König in Eigenregie ins Werk gesetzt wurden, sondern daß hinter ihm eine mächtige Opposition stand, die nur auf den Tod Echnatons gewartet hatte, um der neuen Religion ein Ende zu bereiten und zu den alten Göttern zurückzukehren.[38] In der Klage über die Erfolglosigkeit der ägyptischen Eroberungspolitik vernehmen wir ganz offenkundig die Stimme dieser Opposition und können sie im Militär verorten, insbesondere in der Figur des Generalissimus Haremhab, der unter Tutanchamun in die eigens für ihn geschaffene Position eines „Stellvertreters des Königs" als des zweiten Mannes im Staate und designierten Thronfolgers aufstieg. Dieser Haremhab vergleicht in einem Hymnus an den Mondgott Thot seine Stellung gegenüber dem König mit dem Verhältnis des Mondes zur Sonne:

*Mögest du geben, daß der Königsschreiber Haremhab fest stehe zur Seite des Königs, wie du bist zur Seite des Allherrn, wie du ihn aufziehst, wenn er aus dem Leibe hervortritt.*[39]

Haremhab ist ohne jeden Zweifel der führende Kopf der Opposition, die darauf brannte, nicht nur zu den alten Göttern, sondern auch zur imperialistischen Großmachtpolitik der frühen 18. Dynastie zurückzukehren, deren höchstes Ziel darin bestand, die Grenzen Ägyptens zu erweitern, im Auftrag und mit Unterstützung der Götter.
Wir müssen uns die Zeit des Tutanchamun und das Ende der Amarnazeit als eine Zeit enormer außen- und innenpolitischer Spannungen vorstellen. Einen

---

[36] Asclepius 24-26 ed. NOCK-FESTUGIÈRE, *Corpus Hermeticum II*, Collection Budé 1960, S.326-329; koptische Fassung: Nag Hammadi Codex VI, 8.65.15-78.43 ed. KRAUSE-LABIB 1971, S.194-200. Zu diesem Text s. zuletzt B. ROTHÖHLER, "Hermes und Plotin. Mögliche Berührungen zwischen dem hermetischen Asklepiustraktat und Plotins Schrift Gegen die Gnostiker (Enneaden II.9), in: S. MEYER (Hg.), *Ägypten – Tempel der gesamten Welt*, Köln 2003, 389-407. Vgl. ASSMANN, „Königsdogma" S.373f.; „Magische Weisheit. Wissensformen im ägyptischen Kosmotheismus", in *Stein und Zeit* S. 75.
[37] B. ROTHÖHLER bezieht die Klage nicht auf die Christen, sondern die Gnostiker.

[38] S. hierzu zuletzt M. GABOLDE, „Das Ende der Amarnazeit", in: A. GRIMM, S. SCHOSKE (Hg.), *Das Geheimnis des Goldenen Sarges. Echnaton und das Ende der Amarnazeit*, München 2001, 9-41.
[39] W. HELCK, *Urk.* IV, 2098, 8-10.

schlaglichtartigen Einblick in diese prekäre Situation gewähren uns überraschenderweise hethitische Texte, vor allem eine Chronik der Regierungszeit König Schuppiluliumas, des Zeitgenossen von Echnaton und Tutanchamun, das unter dem Titel „Die Mannestaten der Schuppiluliuma" bekannt ist und von seinem Sohn Mursilis redigiert wurde.[40] Darin heißt es:

*Während mein Vater sich im Lande Kargamis aufhielt, sandte er Lupakki und Tarhunta-zalma in das Land Amka. Sie gingen, griffen das Land Amka an und brachten Deportierte, Rinder (und) Schafe zurück, vor meinen Vater.*
*Wie aber die Ägypter von dem Angriff auf Amka hörten, gerieten sie in Furcht.*
*Weil ihnen ihr Herr Piphururijas überdies gestorben war, sandte die Königin von Ägypten Tahamunzu (Gemahlin des Königs) einen Botschafter zu meinem Vater und schrieb ihm folgendermaßen:*
*`Mein Gemahl ist gestorben und ich habe keinen Sohn. Die Leute sagen, daß du viele Söhne hast. Wenn du mir einen deiner Söhne sendetest, könnte er mein Gatte werden. Niemals werde ich einen meiner Diener zum Gatten zu nehmen.'*
*Als mein Vater das hörte, rief er die Großen zur Beratung zusammen und sagte: `Seit alters ist mir so etwas niemals vorgekommen!'*
*Er ging und sandte Hattu-zitis, den Kammerherrn, und sagte: `Geh und bring mir verläßliche Kunde! Sie könnten versuchen mich zu täuschen. Ob sie vielleicht doch einen Prinzen haben, darüber bringe mir verläßliche Kunde!'*
*...*
*Der ägyptische Gesandte, der ehrenwerte Herr Hanis kam zu ihm. Weil mein Vater Hattu-zitis beauftragt hatte, als er ihn nach Ägypten sandte mit den Worten: `Vielleicht haben sie doch einen Prinzen; sie könnten versuchen mich zu täuschen und wollen gar nicht wirklich einen meiner Söhne zum König', antwortete nun die ägyptische Königin in einem Brief wie folgt:*
*`Warum sagst du: „Sie möchten versuchen, mich zu täuschen"? Wenn ich einen Sohn hätte, würde ich einem fremden Land in dieser Weise schreiben, die für mich und mein Land erniedrigend ist? Du traust mir nicht und sagst mir so etwas. Er der mein Mann war starb und ich habe keine Söhne. Soll ich vielleicht einen meiner Diener zum Mann nehmen? Ich habe keinem anderen Land geschrieben, ich habe nur dir geschrieben. Die Leute sagen, daß du viele Söhne hast. Gib mir einen deiner Söhne, und er ist mein Gemahl und König von Ägypten.'*

(Das folgende ist ziemlich zerstört. Suppiluliuma ist über den Nachdruck befremdet, mit dem die ägyptische Seite von ihm einen Sohn geradezu fordert. Ferner erörtert er seine Bedenken, die Ägypter könnten seinen Sohn vielleicht nur als Geisel mißbrauchen, mit dem ägyptischen Gesandten, der ihn beruhigen kann).

*So beschäftigte sich denn mein Vater ihnen zuliebe mit der Frage eines Sohnes. Und dann forderte mein Vater die Vertragsurkunde `wie früher der Wettergott den Mann von Kurustama, den Hethiter, nahm und ihn in das Land Ägypten brachte und sie (die Leute von Kurustama) zu Ägyptern machte; wie der Wettergott zwischen dem Lande Ägypten und dem Lande Hatti einen Vertrag schloß; wie sie auf ewig untereinander befreundet waren; wie man vor ihnen die Tafel vorlas'.*
*Dann sprach mein Vater folgendermaßen zu ihnen: `Von alters her waren Hattusa und Ägypten befreundet. Jetzt hat sich auch dies noch zwischen uns ereignet. Das Land Hatti und das Land Ägypten werden weiterhin auf ewig untereinander befreundet sein.*[41]

In den „Pestgebeten des Mursilis" werden dieselben Ereignisse noch einmal in etwas anderer Beleuchtung erzählt. Es handelt sich um Gebete an den hethitischen Sturmgott, eine Pest abzuwenden, die seit Jahren im Land wütet und der das ganze Volk zum Opfer zu fallen droht. Die Orakel wurden befragt und verwiesen auf zwei alte Tafeln. Die eine behandelte Opferriten für den Fluß Mala, die aufgrund der Pest vernachlässigt wurden. Die andere behandelte den Kurustama-Vertrag.

*Der Sturmgott von Hatti brachte die Leute von Kurustama nach Ägypten und schloß einen Vertrag über sie mit den Hethitern, sodaß sie ihm unter Eid standen. Obwohl nun sowohl die Hethiter als auch die Ägypter dem Sturmgott eidlich verpflichtet waren, ignorierten die Hethiter ihre Verpflichtungen. Sie brachen den Eid der Götter. Mein Vater sandte Truppen und Wagen, das Land Amka, ägyptisches Gebiet, anzugreifen. Die Ägypter aber erschraken und baten sogleich um einen seiner Söhne, das Königtum zu übernehmen. Aber als mein Vater ihnen einen seiner Söhne gab, töteten sie ihn während sie ihn dorthin brachten. Mein Vater ließ seinem Zorn freien Lauf, er zog gegen Ägypten in den Krieg und griff es an. Er schlug die Truppen und Streitwagen des Landes Ägypten. Der Sturmgott von Hatti, mein Herr, gab meinem Vater durch seinen Ratschluß den Sieg; er besiegte und schlug die Truppen und Wagen des Landes Ägypten. Aber als sie die Gefangenen nach Hatti brachten, brach eine Pest unter ihnen aus und sie starben.*
*Als sie die Gefangenen nach Hatti brachten, brachten diese Gefangenen die Pest in das Land Hatti. Von dem Tage an sterben die Menschen im Lande Hatti. Als ich nun die Tafel über Ägypten gefunden hatte ließ ich darüber das Orakel befragen: `Diese Vereinbarungen, die der hethitische Sturmgott machte, nämlich daß die Ägypter ebenso wie die Hethiter vom Sturmgott unter Eid genommen wurden, daß die Damnassaras Gottheiten im Tempel anwesend waren,*

[40] S. hierzu M. GABOLDE, S. 31ff.

[41] Übers. D. SÜRENHAGEN, *Paritätische Staatsverträge aus hethitischer Sicht*, Pavia 1985, 22ff.

*und daß die Hethiter sogleich ihr Wort gebrochen hatten - ist dies vielleicht der Grund für den Zorn des Sturmgottes von Hatti, meines Herrn?' So wurde es bestätigt.*[42]

Hinter dem Vorstoß der ägyptischen Königin dürfen wir Kreise vermuten, die den Krieg mit den Hethitern unter allen Umständen verhindern und den von den Hethitern gestörten Frieden durch eine politische Heirat retten wollten, die nach traditionellen ägyptischen Begriffen völlig ausgeschlossen war: die Heirat einer ägyptischen Königin-Witwe mit einem ausländischen Prinzen. Keine einzige ägyptische Quelle spielt auch nur von fern auf diese außerordentliche Affäre an. Ein Hethiter als Prinzgemahl auf dem Pharaonenthron, so etwas hätte man nie für möglich gehalten. Das zeigt, zu welchen verzweifelten Schritten sich der Hof von Amarna nach dem Tode Echnatons oder Tutanchamuns – auf beide Könige kann sich die keilschriftliche Form *Nipchururia* beziehen – gezwungen sah angesichts einer Opposition, die offenbar stark genug war, die Königin-Witwe zur Heirat mit einem ihr unliebsamen Beamten zu zwingen. Diese Opposition war es dann wohl auch, die den hethitischen Prinzen bei seiner Ankunft in Ägypten ermorden ließ. Diese Leute wollten den Krieg mit den Hethitern, nahmen ihn zumindest in Kauf, um „die Grenzen Ägyptens zu erweitern". Das waren die Kreise, die während der Regierung Echnatons unter der Erfolgsosigkeit der ägyptischen Asienpolitik gelitten hatten und unter Tutanchamun auf eine Wende drängten.

Ihr Exponent ist, wie gesagt, der General Haremhab, der zunächst unter dem jungen Tutanchamun den ungewöhnlichen Titel eines Regenten (jdnw) und Thronfolgers (rpʿt) annimmt, und nach dessen Tod und nach dem kurzen Zwischenspiel des Eje als Usurpator selbst den Thron besteigt. Die ganze Bedeutung dieser Wende trat erst im Laufe der Zeit hervor, als nämlich Haremhab Maßnahmen für seine Nachfolge traf, die vielleicht noch mehr den Charakter eines Staatsstreichs trugen als seine eigene Thronbesteigung bzw. Machtergreifung. Haremhab berief den Kommandanten der Grenzfestung Sile namens Paramessu zum Wesir, einen Frontoffizier, der auch den Titel eines Botschafters für Asien trug, und häufte auf ihn die Ämter eines Priestervorstehers und Generals sowie die neuen Titel des Thronfolgers: Stellvertreter und Erbprinz.[43] Die Verbindung von Funktionen wie die Leitung der Zivilverwaltung (Wesir), der Kulte (Priestervorsteher), des Militärs und Thronfolge in einer einzigen Hand war in Ägypten zu allen Zeiten vollkommen ungewöhnlich und verweist auf eine Art

Ausnahmezustand. Normalerweise waren Zivilverwaltung, Heeresverwaltung und Priestertum strikt getrennt. Jetzt nimmt die ägyptische Regierung und Verwaltung geradezu die Züge einer Art Militärdiktatur an. Offenbar hat man die Situation am Ende der Amarnazeit sehr dramatisch eingeschätzt. Alle diese Maßnahmen und Entwicklungen deuten darauf hin, daß man sich in Ägypten von den Hethitern aufs Höchste bedroht gefühlt hat. Die Hethiter hatten dem Reich von Mitanni, mit dem die Ägypter durch politische Heiraten verbunden waren, ein Ende gemacht; jetzt sahen die Ägypter offenbar ein ähnliches Schicksal auf sich selbst zukommen. In dieser Situation spaltete sich die ägyptische Führungsschicht in zwei Lager. Das eine suchte das Heil ebenfalls in der politischen Heirat, die andere in der militärischen Konfrontation. Weder die eine, noch die andere Lösung kam jedoch zum Tragen.

Durch die Pest gezwungen, die von den ägyptischen Gefangenen eingeschleppt wurde und 20 Jahre lang in Anatolien und im ganzen vorderen Orient wütete und der schließlich König Schuppiluliuma selbst zum Opfer fiel, mußten die Hethiter von allen weiteren kriegerischen Maßnahmen Abstand nehmen. Vermutlich blieb auch Ägypten selbst von dieser Seuche nicht verschont. Vielleicht darf man sogar so weit gehen, den Begriff der „schweren Krankheit", den Tutanchamun traditionsgemäß zur Charakterisierung der Leidenszeit verwendet, nicht nur metaphorisch, sondern auch wörtlich zu verstehen und auf diese Pestepidemie zu beziehen.[44]

Ich hoffe, ich habe deutlich machen können, welch eine außerordentlich interessante, bewegte und problematische Epoche der ägyptischen Geschichte die kurze Regierungszeit des Tutanchamun darstellt. Es gibt kaum eine andere Regierungszeit, die so sehr den Namen eines geschichtlichen Wendepunkts verdient. Mit Haremhab, von dessen Gnaden der junge Tutanchamun regierte, beginnt praktisch die Ramessidenzeit, eine Epoche größter militärischer Macht- und kultischer Prachtentfaltung, in der alle von Echnaton unterdrückten Tendenzen zum vollen Durchbruch kamen. Keine einzige der Informationen, die zu diesem Bild der Epoche beigetragen haben, kommt von dem Grab des Tutanchamun, anders gesagt: das Grab mit all seinen unermeßlichen Schätzen vermag keine im engeren Sinne historischen Informationen zu diesem Bild beizutragen. Das soll nicht heißen, daß der Grabfund in historischer Hinsicht vollkommen

---

[42] A. GOETZE, in: *ANET*, S.395.
[43] Vgl. D. POLZ, „Die Särge des Paramessu", in: *MDAIK 42*, 1986, 145-166 sowie H. SCHREIBER, *Ramses I. und die Gründung der 19. Dynastie*, unv. MA-Arbeit Heidelberg 2002.

[44] Siehe hierzu H. GOEDICKE, „The 'Canaanite Illness'," *Studien zur Altägyptischen Kultur* 11 (1984) 91-105; id., „The End of the Hyksos in Egypt", in: L. H. LESKO (Hrsg.), *Egyptological Studies in Honor of Richard A. Parker*, Hanover und London, 1986, 37-47.

uninteressant wäre. Im Gegenteil: wir erfahren eine Menge über den Jenseitsglauben der Zeit, über die Wandlungen des künstlerischen Stils, der in seiner Mischung von Amarna-Stil und Traditionalismus einen Höhepunkt der ägyptischen Kunst darstellt, und über die verfeinerte Wohn- und Lebenskultur der Epoche, wie sie etwa in Thomas Manns Joseph-Romanen eine so anschauliche und anmutige literarische Gestalt gewinnt. Ein kleines Detail ist sogar für unser Thema, die Rückkehr zu den Göttern, von zentraler Bedeutung. Es handelt sich um eine kleine Szene, die auf dem Trichter zweier Trompeten dargestellt ist.[45] Dort sieht man Amun, Re und Ptah gleichberechtigt nebeneinander stehen, die sog. „Reichstriade", die in der Ramessidenzeit an die Stelle des einen „Reichsgottes" Amun tritt. Man ist eben nicht einfach zu Amun und nach Theben zurückgekehrt, sondern hat jetzt drei Götter und ihre heiligen Städte an die Spitze gestellt: Amun von Theben, Re von Heliopolis und Ptah von Memphis. In einem Hymnus der Ramessidenzeit heißt es sogar, daß alle Götter in diesen drei enthalten sind und in diesen drei sich wiederum ein Einziger verbirgt:

*Drei sind alle Götter:*
*AMUN, RE und PTAH, denen keiner gleichkommt.*
*Der seinen Namen verbirgt als AMUN,*
*er ist RE im Angesicht,*
*sein Leib ist PTAH.*
*Ihre Städte auf Erden*
*stehen fest auf immerdar:*
*Theben, Heliopolis und Memphis allezeit.*[46]

So viel hohe Theologie dürfen wir natürlich von einer Trompetendekoration nicht erwarten. Die Reichstriade als solche aber ist eindeutig. Hinter diesem Schritt steckt viel politische Weisheit; offenbar wollte man vermeiden, daß noch einmal die thebanische Amunspriesterschaft eine solche Machtstellung gewinnt wie vor der Amarnazeit. Wäre das Grab nicht entdeckt worden und in ihm die Trompeten, wir wüßten nicht, daß dieser Schritt bereits unter Tutanchamun und nicht erst in der Ramessidenzeit vollzogen wurde.

---

[45] Diese Beobachtung verdanken wir E. HORNUNG: *Der Eine und die Vielen*, Darmstadt 1971, 215.
[46] *ÄHG* Nr. 139, S. 333.

In unmittelbarer Nähe der alten Hyksos-Stadt Auaris entstand während des Neuen Reiches die Hauptstadt der Ramessiden: Pi-Ramesse, jene Metropole, die allgemein als biblische Fronstadt Israels und Ausgangspunkt des Exodus angenommen wird. Hildesheimer Archäologen erforschen nun das große Areal am Rande der modernen Siedlung Qantir mit magnetischen Messungen.

# Mit Hightech in der Ramsesstadt

**Zwar kein hethitischer Tempel jedoch ein diplomatischer Brief: Fundort und Kontext der ersten Tafel aus dem Archiv Ramses' II. in Ägypten.**

## Von Edgar B. Pusch

Im Herbst 1996 begannen mit einem Testlauf die magnetischen Messungen auf dem Gelände der Ramses-Stadt in Zusammenarbeit mit Dr. H. BECKER und Dr. J. FASSBINDER vom Bayerischen Landesamt für Denkmalpflege, München.[47] In nur zweieinhalb Tagen wurde eine Fläche prospektiert und in ihr eine ausgedehnte Architektur festgestellt, für deren Freilegung es eines Zeitraumes von mehr als zehn Jahren bei entsprechendem Finanzaufwand bedurft hätte. Solchermaßen einerseits erfolgreich in der Sicherung architektonischer Grundrisse, bedarf es andererseits der Ergänzung durch archäologisch-traditionelle Arbeit, also schlichter stratigraphischer Grabungsarbeit, um die am Bildschirm gewonnene Deutung der Grundrisse zu bestätigen, einzelne Phänomene besser oder überhaupt erst zu verstehen und einen Einblick in die Schichtenfolge zu gewinnen. Gleichzeitig kann häufig erst dann dem interpretierten Grundriß eine Funktion zugewiesen werden, wenn nämlich in der ägyptologischen oder außer-ägyptologischen Literatur kein Vergleichsmaterial zu finden ist. Diese Zuweisung erfolgt über die Deutung der Schichtkonsistenz und Schichtgenese oder das in den Schichten enthaltene Fundgut, im Idealfall durch eine Kombination aller drei Kriterien.

So war und ist es nötig, sogenannte „Referenz-" oder auch „Eichungsgrabungen" durchzuführen. Vor diesem Hintergrund wählten wir im Laufe der Arbeitsjahre bis 2001, in denen eine insgesamt 150 ha übersteigende Fläche magnetisch prospektiert wurde, mehrere „Testflächen" aus[48], wobei die Wunschliste der zu grabenden Objekte, die „Speisekarte der Begehrlichkeiten", beständig länger wurde. Kriterien hierfür waren: die Notwendigkeit magnetische Phänomene zu klären und zu verstehen oder die Unmöglichkeit einem Grundriß eine Funktion mittels Vergleichsliteratur zuzuweisen. Vorrang sollten besonders die Stellen haben, auf die beide Fragenelemente zusammentrafen.

Doch gibt es noch eine dritte Möglichkeit: Daß der Grundriß zwar erkennbar zu sein scheint und auch mit ähnlichen Grundrissen in der Literatur verglichen werden kann, daß sein Auftreten aber dermaßen überrascht, daß eine Prüfung mittels Grabung unerläßlich wird. Um einen solchen Fall handelt es sich bei dem hier zu besprechenden Objekt.

### Lage und Umfeld des Gebäudes im Magnetogramm

Das betreffende Gebäude liegt in dem Bereich, der früher von mir schon einmal als „Verwaltungsbezirk" angesprochen wurde[49], in heutigen Geländetermini: südlich des islamischen Friedhofs, südlich der Grabungsplatzes Q I und östlich eines kurzfristigen Grabungsplatzes Q III, etwa auf halber Strecke zwischen Qantir und Ezbet Yanni. Unmittelbar im Süden befindet sich eine ähnlich große Anlage, die nahezu unmit-telbar an das Ufer bzw. die Kaimauer des von West nach Ost verlaufenden Pelusischen Nilarmes grenzt, den auch schon J. DORNER durch sein Bohrprogramm feststellte und als Nilarm „F 1" bezeichnete[50].

---

[47] Dem Andenken Arne Eggebrechts zum 8. Februar 2004 gewidmet in Erinnerung an 25 Jahre gemeinsamer Arbeit und Freundschaft – nicht nur in Qantir-Piramesse.

[48] Grabungsplätze Q V, Q VI.
[49] PUSCH, E. B., „Towards a map of Piramesse", in: *Egyptian Archaeology No. 14* (1999), 13-15.
[50] DORNER, J., „Die Topographie von Piramesse", in: *Ägypten und Levante 9* (1999), 77-83 mit Faltplänen.

Westlich des Gebäudes erstreckt sich jenseits einer (sub-)rezenten Störung ein ausgedehntes Villenviertel[51] mit zahlreichen umfriedeten Häusern, die nahezu ausschließlich die Dreigliederung des „Amarnahauses" aufweisen und an planmäßig angelegten Straßen aufgereiht sind. Dort finden sich neben überwiegend rechteckigen und quadratischen Grundstücken unterschiedlicher Größe auch solche von Trapez- oder Dreiecksform.

Dieses Wohn-viertel dürfte sich weiter nach Norden und Westen erstrecken und noch über den Didamun-Sama'na-Kanal hinausreichen. Aus dieser Region konnten im Laufe der Jahre zahlreiche Türpfosten und Türsturze sowie andere immobile Architekturteile bei den Feldeigentümern sichergestellt werden. Im Norden erscheint die Situation noch unklar (Abb. 1):

Abb. 1 – Ausschnitt aus dem Magnetogramm mit dem Umfeld zu den Gebäuden A, B und C im Bereich des Grabungsplatzes Q VII. (Magnetogramm H. BECKER, BLfD, München).

[51] Siehe dazu PUSCH, E.B. / BECKER, H. / FASSBINDER, J., „Palast - Tempel - Auswärtiges Amt? - Oder: Sind Nilschlammauern magnetisch zu erfassen?", in: *Ägypten & Levante* 9 (1999), 135-153 und PUSCH, E.B. / BECKER, H. / FASSBINDER, J., 1999, „Wohnen und Leben – Oder: Weitere Schritte zu einem Stadtplan der Ramses-Stadt", in: *Ägypten & Levante 9* (1999), 155-170 sowie PUSCH, E. B., „Towards a map of Piramesse", in: *Egyptian Archaeology No. 14* (1999), 13-15.

Ein ca. 150 m langes, positiv magnetisiertes Lineament erstreckt sich von Ost nach West, beginnt im Nichts und endet im Nichts. Es ist bisher nicht gedeutet, wobei am ehesten an die Reste einer Umfassungsmauer gedacht werden kann. Südlich dieser potentiellen Mauer bedeckt eine wahre „Kraterlandschaft" aus zahlreichen nahezu kreisförmigen Elementen die gesamte Fläche bis knapp nördlich unseres Gebäudes: Sie alle sind im Magnetogramm als dunkle Punkte markiert und weisen nach den bisher gewonnen Erkenntnissen weder ein Raster auf, noch dürften sie einer einheitlichen Genese entstammen. Vielleicht können Teile von ihnen als Pflanzungen, etwa Haine und Gärten, gedeutet werden. Im Osten schließlich zeichnet ein einzelnes, recht deutlich abgegrenztes Gebäude, das in der gleichen Verbauungsrichtung liegt und ebenfalls im Norden an die „Kraterlandschaft" grenzt, im Gegensatz zu unserem Gebäude aber durch negativ magnetisierte Mauern gekennzeichnet ist. Im Wesentlichen sind es also drei Gebäude, die sich im Bereich und Umfeld des Grabungsplatzes Q VII befinden, das im Zentrum der Untersuchungen stehende Gebäude A, das im Süden anschließende Gebäude B und das östlich davon liegende Gebäude C (siehe Abb. 2).

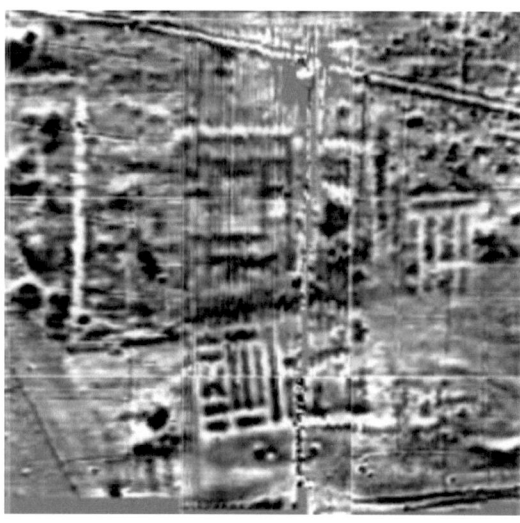

Abb. 2 - Ausschnitt aus dem Magnetogramm mit dem Gebäude A, im Zentrum des Bildes, Gebäude B im Süden und Gebäude C im Osten des Grabungsplatzes Q VII. (Magnetogramm H. BECKER, BLfD, München).

## Der Magnetische Befund und seine Deutung am Bildschirm

Es sind positive Lineamente mit einem starken magnetischen Schatten, durch die sich das zu klärende Gebäude A von den Gebäuden B und C und den anderen Mauern in seinem Umfeld abhebt (Abb. 2). Hierin lag einer der beiden Gründe für die Wahl des Grabungsplatzes Q VII, sind doch positiv magnetisierte Mauern selten. Sie sollten auf hohe magnetische Anteile im Mauerwerk deuten oder gar erschließen lassen, daß sie aus stark magnetischem Material aufgeführt wurden. Als solches kämen gebrannte Ziegel ebenso in Frage wie eine Vernichtung des Gebäudes durch Feuer oder hochmagnetische Magerung in den Ziegeln, etwa mit Keramik. Auch eine Verkleidung der Wände mit einem Werkstoff, der höher magnetisch ist als seine Umgebung, z.B. Fayencekacheln, muß in die Überlegungen einbezogen werden. Spätestens an dieser Stelle kommt auch der Gedanke an einen starken magnetischen Kontrast auf, wobei die betreffenden Mauern des Gebäudes A ebenso „unmagnetisch" sein können wie die Mauern der umliegenden Gebäude B und C, die negativ zeichnen: Die Mauern des Gebäudes A, obwohl unmagnetisch, zeichnen positiv, weil die um- und unterliegenden Schichten noch „unmagnetischer" sind als die betreffenden Mauern. Ein solcher Befund war schon einmal im Grabungsplatz Q VI beobachtet worden[52]: Das dort freigelegte Gebäude saß auf purem Kalksteinsplitt auf und war von mächtigen Planierschüttungen aus Kalksteinsplitt umgeben. Diese wiederum überdeckten den Sand der ebenfalls „unmagnetischen" Gezireh. Daraus resultiert: „unmagnetische" Mauern, die auf „noch unmagnetischerem" Untergrund aufliegen und von gleichfalls „unmagnetischem" Material umgeben sind, zeichnen, da um ein geringfügiges magnetischer, „positiv". Es war also zu klären, welcher der angeführten Gründe die anscheinend positive Magnetisierung verursachte: magnetisches Baumaterial, zum Beispiel gebrannte Ziegel, magnetisiertes Baumaterial, zum Beispiel verbrannte Ziegel, oder der magnetische Kontrast.

Ein zweiter Grund machte die Fragestellung noch spannender, als sie ohnehin schon war: der Grundriß des Gebäudes A, der für Ägypten bisher nicht belegt ist. Soweit im Magnetogramm am Bildschirm erkennbar, ist der Kernbau mit ca. 40 m Nord–Süd auf ca. 27 m West–Ost, also etwa 1080 m² Gesamtfläche, grundsätzlich rechteckig, weist jedoch in seiner Außenfassade unregelmäßige Vor- bzw. Rücksprünge auf (Abb. 2).

---

[52] Noch unveröffentlichter Bericht an die Deutsche Forschungsgemeinschaft, Bonn, die unser Projekt dankenswerterweise seit 1980 finanziell trägt.

Zumindest einer der Eingänge liegt, markiert durch eine große unmagnetische Fläche, die als Fundamentsande aufgefaßt wird, auf seiner Ostseite. Von dort erstreckt sich eine Flucht unterschiedlich großer Räume nach Norden und Süden, die parallel zur östlichen Außenwand läuft und sich ebenfalls längs der übrigen Außenwände im gesamten Gebäude fortsetzt. Diese umlaufende Raumflucht umschließt eine recht große Freifläche, einen Hof von ca. 10 m auf 14 m[53]. Solchermaßen zunächst einmal charakterisiert, machte ich mich in der Literatur auf die Suche nach Vergleichsmaterial, sowohl innerägyptisch als auch außerägyptisch, ohne daß ich eindeutig fündig geworden wäre. Zwar fielen mir gewisse Affinitäten zu den Tempeln des hethitischen Kulturkreises auf, jedoch verwarf ich alle in diese Richtungen gehenden Überlegung wieder, erschienen mir doch die strukturellen Ähnlichkeiten zu vage und unsicher. Ein Vortrag brachte hier neue Impulse: In der Pause trat Dr. A. MÜLLER-KARPE auf mich zu und fragte, ob ich bei dem angesprochenen „Verwaltungskomplex" und diesem noch nicht funktional gedeuteten Gebäuden schon einmal hethitische Architektur in Erwägung gezogen hätte, könne doch das von mir im Vortrag angesprochene Gebäude – hier das Gebäude A – vielleicht ein hethitischer Tempel sein. So kam es schließlich im Frühjahr 2002 zu einem Treffen in Hildesheim, bei dem wir uns dem Magnetbild an einem großen Bildschirm intensiv widmeten. Die ausführliche Besprechung und Betrachtung des Gebäudes in unterschiedlichen Ausschnitten ergab genügend Elemente, um uns zu der Hypothese zu veranlassen, daß mit dem Gebäude A durchaus ein hethitischer Tempel vorliegen könne. An Elementen glaubten wir zu erkennen: eine gegliederte Fassade, einen nicht axialen Eingang, einen zentralen offenen Hof, möglicherweise einen Umgang auf zwei Seiten und, recht deutlich, die umliegenden kleineren Räume. Auch die Grundfläche des zentralen Gebäudes mit mehr als 1000 m² liegt durchaus im Bereich kleinerer hethitischer Tempel[54].

Das Umfeld des Gebäudes A zeichnet im Magnetbild überwiegend einheitlich hellgrau und zeigt somit relativ unmagnetische Schichten an. Vereinzelt sind schwache, noch hellere Lineamente auszumachen, die wohl als Mauern gedeutet werden dürfen, jedoch so vage sind, daß es schwerfällt, sie zeichnerisch zu kartieren. Dunkle, meist annähernd kreisförmige Flächen können auf rezente Störungen, Feuerstellen bzw. Öfen oder Gruben zurückgehen.

## Lage und Aufbau des Grabungsplatzes Q VII

Oberhalb des so charakterisierten Bereiches wurde im Herbst 2002 mit der Bezeichnung Q VII ein Quadratnetz von 10 m auf 10 m ausgelegt, das von einem starken, Nord-Süd verlaufenden negativen Lineament im Osten bis zum einem rezenten, aus gebrannten Ziegeln aufgeführten Bewässerungskanal im West reicht (Abb. 3). Dieses Netz umfaßt die Planquadratspalten /1 bis /6 in West-Ost-Richtung und die Planquadratreihen a/ bis j/ in Nord-Süd-Richtung. Seine Nordgrenze ist in etwa identisch mit einem rezenten Fußpfad, dem ein Bewässerungsgraben parallel läuft; seine Südgrenze wird durch einen breiten und tiefen Bewässerungsgraben gebildet, der mit seinem Verlauf in etwa der Nordgrenze des Flußarmes F 1 von J. DORNER und dem von uns im Magnetbild erfaßten Ufer des Pelusischen Nilarmes entspricht. Dauerhafte Geländemerkmale sind im Westen nicht vorhanden; ein gemauerter Kanal an der vorläufigen Ostgrenze des Grabungsplatzes mag als solches gelten. Innerhalb dieses Netzes wurde zunächst ein trapezförmiges Feld von 18 Qrat[55] angemietet, das die Planquadrate a/4-6 bis j/4-6 umfaßt und das mehr als zwei Drittel des Gebäudes A, auch des Gebäudes B sowie Teile von deren Umfeld enthält (Abb. 14)[56].

## Der Grabungsbefund

Alle Mauern des Gebäudes A bestehen aus einem einheitlichen Baustoff: luftgetrockneten, eigentlich unmagnetischen, Nilschlamm-Ziegeln mit einem niedrigen Sandanteil, in die nur gelegentlich Nilton-Ziegel eingestreut sind. Die Außenmauern haben eine nahezu gleichbleibende Stärke von 2,10 m (4 Ellen), während die Mauern innerhalb des Gebäudes überwiegend 1,85 m (3,5 Ellen) dick sind. Die Bereiche zwischen diesen Mauern wurden in allen bisher beobachteten Fällen entweder mit einem weitgehend homogenen Gemisch aus schwarz-braunem, aschehaltigen Lehm verfüllt, in den gewaltige Mengen an Keramikbruch eingebettet waren, oder sie enthielten eine Schüttung aus braunen, sehr lehmigen Sanden mit extrem hohen Anteilen zerschlagener Architekturteile aus Kalkstein oder eine Kombination aus diesen beiden Sedimenten.

---

[53] Alle Maße am Bildschirm von den jeweiligen Ecken ausgehend abgenommen.
[54] NEVE, P., *Hattusa – Stadt der Götter und Tempel, Neue Ausgrabungen in der Hauptstadt der Hethiter*, Mainz 1992, 24-27.

[55] Entsprechend etwa 3.100 m².
[56] Die derzeitigen Eckpunkte des Netzes liegen bei: Nord-West-Eck x=1.406,625 / y=1.512,387; Nord-Ost Eck x=1.473,958 / y=1.504,645; Süd-West-Eck x=1.378,514 / y=1.414,286; Süd-Ost-Eck x=1.437,052 / y=1.401,121.

Abb. 3 (oben) – Blick von einem Wasserturm auf die Felder südlich von Qantir: im Zentrum des Bildes der Grabungsplatz Q VII mit seinem Aushubhügel, im Hintergrund die Ortschaft Sama'na, in der L. HABACHI einen gemauerten Brunnen Ramses' II. freilegte. (Photo S. PRELL).

Abb. 4 (links) – Südostecke des zentralen Säulensaales mit den sandgefüllten Fundamentgruben für die Säulenbasen; die Ost- und Südwand zeichnen nur schwach; im Vordergrund zwei Gefäße aus einer späteren Nutzungsphase in primärer Lage. (Photo K. PARLOW).

Abb. 5 – Vorhof mit dem geweißten Niltonfußboden relativ c und der zweizügigen Treppe in der Zentralachse des Gebäudes A von Nordost. (Photo E. Pusch).

Abb. 6 – Unterer Abschnitt der Nebentreppe, deren unterste Stufe vom Fußboden relativ a überdeckt wird. Die Fußböden relativ b und c laufen an den Kalkputz der Treppe und der Veranda an. (Photo E. Pusch).

Abb. 7 (oben) – Nebentreppe, Veranda und Nordwand des Außenraumes 01 mit gemeinsamem Kalkputz. Im Vordergrund die präparierte Kalksteinrollierung des Fußbodens relativ a, unter der der Aufbau der Niltonfußböden b und c sichtbar ist. (Photo E. PUSCH).

Abb. 8 (unten) – Nebentreppe, Veranda mit Wärterraum und Nordostecke des Kernbaues; insgesamt drei mit Kalkputz versehene Banketten (relativ a-c) schützen den Mauerfuß der Veranda und der Anbauten. (Photo K. PARLOW).

In Testschnitten wurde versucht, den Baugrund zu erreichen: Es zeigte sich in diesen ausgewählten Bereichen, daß die Mauern auf flachen, sandgefüllten Fundamentgräben aufsitzen, deren Richtung jedoch nicht immer beachtet wurde und die nicht immer angelegt wurden. Magnetisches Baumaterial war also nach makroskopischer Beurteilung in den Mauern nicht vorhanden; lediglich die zwischen den Mauern angetroffenen Schichten enthielten höher magnetische Bestandteile, insbesondere aschig-humose Sedimente und Keramikbruch.

Schon frühzeitig zeigte es sich, daß trotz einer extrem guten Erhaltung der Mauern – bis zu sieben Ziegellagen wurden angetroffen – Fußböden innerhalb des Gebäudes A nahezu völlig abwesend sind. Die Mauern und Füllschichten zwischen ihnen bilden insgesamt eine Plattform, auf dem das eigentliche Gebäude mit seinen funktionalen Ebenen angelegt worden war. Von daher verwundert es nicht, daß keinerlei Türschwellen *in situ* angetroffen wurden und nur manchmal die Aussparungen für diese im Mauerbereich beobachtet werden konnten.

Daß jegliche Fußböden fehlen, zeigt auch der „Innenhof". War er als solcher am Bildschirm gedeutet worden, so zeigte die Grabung, daß der „Innenhof" in Wirklichkeit ein Säulensaal ist. Auf sechs Fundamentgruben, jeweils etwa 2,10 m (angestrebt 4 Ellen) im Durchmesser, waren einst Säulenbasen und Säulen versetzt, welche die Dachkonstruktion des Raumes von 15,20 m Nord-Süd auf 11,00 m West-Ost (29 auf 21 Ellen) einst trugen. Der Mittelpunktabstand von rund 4,50 m entspricht dabei den auch sonst üblichen Abständen. Eingetieft wurden die mit hellen, teils ausgebleichten Sanden gefüllten Fundamentgruben in die oben genannten braunen Sande, die im Zentrum des Raumes kuppenförmig aufgeschüttet worden waren. Nur diese Schüttung, die anschließende Auffüllung mit den schwarz-braunen Lehmen und die Fundamentgruben sowie die Störungsgruben, die beim Ausreißen der Säulenbasen entstanden, wurden von uns noch erfaßt (Abb. 4).

Das Gebäude überragte also das übrige Siedlungsniveau nicht unbeträchtlich um sicherlich mehr als einen Meter. Dieser Höhenunterschied wurde auf zweierlei Weise überbrückt. Zum einen führt von Norden kommend eine 5,30 m (10 Ellen) breite, zweizügige Treppe in der Nord-Süd verlaufenden Zentralachse des Gebäudes auf eine Veranda von rund 1,50 m (3 Ellen) Tiefe, welche die besamte Breite des Gebäudes einnimmt (Abb. 5); zum anderen findet sich nahe der Nord-Ostecke des

Gebäudes eine vierstufige Treppe, die ebenfalls auf diese Veranda führt und unmittelbaren Zugang zu einem kleinen Wärterraum erlaubt, der die Ostseite der Veranda einnimmt (Abb. 8). Möglicherweise darf ein symmetrisches Gegenstück zu dieser Treppenanlage im Westen angesetzt werden.

Diese Konstruktion – der repräsentative Zugang in der Zentralachse, die Veranda mit ihrer im Osten liegenden Nebentreppe und weitere Räume – ist jedoch nicht aus dem oben beschriebenen Baumaterial errichtet worden, sondern aus sehr sandhaltigen luftgetrockneten Ziegeln. Sicherlich nachzeitig zu dem Kernbau errichtet und ihm vorgelagert, war der „Anbau" dennoch zeitgleich zum Kernbau in Funktion. Dies erweist ein über alle Mauern der Nordfront des Gebäudes A einschließlich der Treppen hinweglaufender Kalkputz, der mindestens dreimal erneuert und verändert wurde.

Die Veränderungen im Verputz finden im Befund des Vorhofes von rund 11,20 m (21,5 Ellen) Tiefe bei unbekannter Breite, die jedoch mindestens die Gesamtbreite des Gebäudes einschließlich seiner Anbauten umfaßt haben dürfte, ihr Gegenstück: von kleineren Veränderungen – sowie deutlich früheren und späteren Schichten als den hier besprochenen – abgesehen, wurde der Vorhof dreifach mit einem neuen Fußboden versehen (Abb. 7), von denen der oberste und letzte sowohl den Hauptzugang als auch die Nebentreppe in Teilen überdeckte (Abb. 6).

Insbesondere dieser letzte Fußboden, hier als „relativ a" bezeichnet, könnte in Zukunft eine Schlüsselstellung bei der funktionalen Deutung des Gebäudes A erlangen, zeigt er doch einen hochinteressanten Aufbau (Abb. 9). Während die Fußböden relativ b und relativ c in der üblichen Form aus verdichtetem Lehm bzw. Nilton bestehen, der an der Oberfläche einen Kalkputz erhielt (Abb. 7), besteht der Fußboden relativ a mit einer Gesamtdicke von rund 0,25 m aus geschichtetem, leicht lehmigem Sand: auf die Fläche des Fußboden b wurde eine bis zu 0,10 m dicke Sandschüttung aufgebracht, auf die wiederum eine bis zu 0,20 m dicke Kalksteinrollierung aufgelegt wurde. Die Kalksteinschicht aus zerschlagenen Architekturteilen hatte man offensichtlich gewässert und durch Stampfen verdichtet. Den eigentlichen Fußboden legte man dann dadurch an, daß ein feuchtes, ja flüssiges Sand-Kalk-Gemisch aufgetragen und an der Oberfläche ausgezogen wurde. Dieser letzte Auftrag muß nahezu wasserähnliche Konsistenz gehabt haben: Nur so läßt sich erklären, daß der

Fußboden relativ a auf einer Breite von x + 31 m + y bei einer Tiefe von mehr als 11 m eine maximale Höhenschwankung von nur 1,0 cm aufwies. Der so aufgebaute Fußboden wurde nach dem Abtrocknen extrem hart und hatte eine extrem hohe Belastbarkeit, wie wir bei seinem Begehen durch uns selbst feststellen konnten. Nicht einmal die schwere Photoleiter mit ihrer hohen Punktbelastung hinterließ Eindrücke.

Keinerlei Fundgut wurde an den Oberflächen der Fußböden angetroffen, das für eine Funktionszuweisung herangezogen werden dürfte; alle Fußböden waren gar, bis auf eine vereinzelte Bernsteinperle (Abb. 10), völlig fundfrei. Dies gilt auch für das Baumaterial der Fußböden relativ b und c, sieht man von einem unbedeutenden Keramikaufkommen ab, das nach ersten Beobachtungen ausschließlich der 19. Dynastie entstammt. Anders jedoch der Fußboden relativ a: seine Kalksteinrollierung, von der bisher rund achthundert Gummikörbe mit Fragmenten geborgen und gesichtet wurden, bietet ein breites Spektrum an Architekturelementen, zu denen Wandverkleidungen, Türpfosten, Türsturze, vielleicht auch Architrave, sicherlich aber eine Deckenverkleidung gehören.

Die bisher beobachteten Stücke umfassen sowohl erhabenes, farblich nicht gefaßtes Relief von hervorragender Qualität, als auch versenktes Relief in ausgeprägt polychromer Farbfassung, wobei die letzteres Gruppierung stark überwiegt (Abb. 11). Zu beachten ist ferner, daß mehrere verschiedene Kalksteinvarietäten vertreten sind, aus denen sicherlich auf unterschiedliche Verwendungsorte, etwa Innen- und Außenflächen, zu schließen ist. Da nahezu alle bisher festgestellte Teile plan sind, dürften sie überwiegend zu einer groß angelegten Wandverkleidung, in geringerem Umfang zu Türverkleidungen oder ähnlichen immobilen Architekturteilen gehören. Gewölbte Stücke, die auf Säulen oder gar Statuenteile schließen ließen, sind bisher nicht bzw. nicht eindeutig nachzuweisen.

Die Motive, wenn dieser Begriff schon jetzt verwenden darf, reichen von einer monumentalen Darstellung der Göttin Hathor – durch eine Beischrift eindeutig identifiziert – über entsprechend große menschliche Körperteile – zu nennen sind Kronen, Augen, Ohren sowie Arm-, Bein- und Schurzfragmente – bis zu Inschriften, unter denen mehrfach Teile des königlichen Protokolles Ramses' II. identifiziert werden konnten. Anzuführen sind ferner Hände mit Schreibgriffeln (?), vielfach vorhandene Zierleisten, Sterne in gelb-blauer Farbfassung, offensichtliche

Darstellung von Gewässer und vermutliche Reste von Opferszenen (Abb. 12).

Überraschend ist in diesem Zusammenhang das Vorkommen von Abfall einer Bildhauerwerkstatt. Hierzu gehören unter anderem ein unvollendeter Kalkstein-Uschebti, eine nicht beschriftete Kalksteinstele sowie eine kleine, ebenfalls unvollendete Sitzstatue aus Kalkstein. Entzieht sich daher die Genese der Kalksteinrollierung auf den ersten Blick einer einheitlichen Gesamtdeutung, so darf trotz des Abfalls aus der Bildhauerwerkstatt vielleicht die Hypothese aufgestellt werden, daß die Masse der Fragmente zu einer Verkleidung gehört, die vorzeitig zum Fußboden relativ a, also etwa in der stratigraphischen Höhe der Fußböden relativ b oder c, das Gebäude einst schmückte. Sicher ist hingegen, daß das Gebäude A auf seiner Nordwand nicht nur einen strahlend weißen Kalkputz trug, wurden doch aufliegend auf den Fußböden relativ b und c offensichtlich abgetropfte Farbkleckse aus Ocker und Rötel festgestellt, die mit einer Bemalung der oberen Abschnitte der Nordwand verbunden werden müssen.

Völlig offen ist im Gegensatz zur Nordseite des Gebäudes A sein Aussehen auf der Südseite. Die Interpretation des Magnetbildes führte zu einer gegliederten, mehrfach verspringenden Fassade, die in der Grabung schlichtweg nicht vorhanden war. Statt dessen wurde eine weiträumige Störung beobachtet, der die Südwand des Gebäudes A zum Opfer fiel: Alle von Nord nach Süd verlaufenden Mauern des Gebäudes A endeten im Nichts. Während im Westen deren Überschneidung noch zu fassen war und die Südgrenze der Störung als scharfer Einschnitt sich überall in den Quadranten der f-Reihe erfassen ließ, ist ihre Nordgrenze noch undefiniert, zumindest aber in ihrem vollen Verlauf unsicher. Hingegen stellte sich das, was im Magnetbild als gegliederte Südwand des Gebäudes A aufgefaßt worden war, als etwas völlig anderes heraus. Eine völlig aus der Orientierung der übrigen Bebauung abweichende Mauer aus sandigen Nilschlammziegeln, gemörtelt mit fettem Nilton und versehen mit einer Bankette, die ebenfalls aus reinem Nilton besteht, verläuft diagonal durch die Planquadrate. Sie liegt, nach Überprüfung des Gesamtmagnetbildes, exakt in der Flucht des Nilufers des Pelusischen Nilarmes, der sowohl in unseren magnetischen Messungen als auch in der Geländerekonstruktion der Ramses-Stadt durch J. DORNER erarbeitet wurde. Hier wird also erstmals und völlig unerwartet eine gezielt angelegte Befestigung erfaßt, die das Ufer des Nilarmes gegenüber der zu schützenden Bebauung abgrenzt. Daß sie – sicherlich später und aus uns noch nicht erkenntlichen Gründen – aufgegeben und verwandelt wurde, bleibt hiervon unberührt.

Abb. 9 – Vorhoffußboden relativ a im Schnitt: Deutlich zeichnet die Kalk-Sand-Schlämme an seiner Oberkante; die Größe der Fragmente der Kalksteinrollierung reicht von kleinsten Splittern bis zu mehreren Dezimeter großen Blöcken. (Photo E. PUSCH).

Abb. 10 – Bernsteinperle 2003/0569, Planquadrat Q VII-a/6 (Vorhof), Fußboden relativ a. (Photo K. PARLOW).

Abb. 11 – Farblich gefaßte Relieffragmente aus dem Fußboden relativ a: geometrische Zierbänder und die Wölbung einer Sonnenscheibe nahe dem Zentrum des Bildes. (Photo E. PUSCH).

Die Befundbeschreibung sei damit abgeschlossen, daß der Vorhof im Norden – sicherlich auch den gesamten Gebäudekomplex umschließend – von einer Umfassungsmauer aus sandigen Lehmziegeln begrenzt war, deren pylonartig verstärkter Torbau axial auf die zweizügige Treppe ausgerichtet ist. Die Mauer selbst, die nach Ausweis eines teilweise erhaltenen Kalkputzes zugleich als Umgang genutzt wurde, der seinerseits der Veranda des Gebäudes A entspricht, wurde auf den Fußboden relativ b aufgesetzt und zeitgleich mit dem Fußboden relativ a errichtet. Dies zeigen deutlich Architekturteile in ihren Fugen, die der Rollierung dieses Fußbodens entsprechen. Es ist davon auszugehen, daß auch die früheren Bauphasen des Gebäudes A samt seines Vorhofes mit den Hauptfußböden relativ b und c durch eine Umfassungsmauer geschützt waren, jedoch liegt diese offensichtlich außerhalb des bisher bearbeiteten Grabungsplatzes. Nur am Rande sei erwähnt, daß der Torbau in einer noch späteren Phase vermauert, dann der gesamte Vorhof mit einplaniertem Mauerversturz aus der Umfassungsmauer verfüllt und einer gerasterten Baumpflanzung versehen wurde, die auch in dieser Phase noch auf das Hauptgebäude und seinen axialen Eingang bezogen war. Entsprechende Pflanzgruben durchschlagen die Umfassungsmauer und Vorhoffußböden; Wurzelgänge, die sich durch die Fußböden schlängelten, beweisen, daß hier einst Laubbäume und nicht etwa Palmen wuchsen.

**Die Stimmigkeit von magnetischer Interpretation und Grabungsbefund**

Die Befunddarstellung zeigt deutlich die Abweichungen, aber auch die Übereinstimmungen mit der ursprünglich am Bildschirm vollzogenen Interpretation. So wurden alle Mauern des Gebäudes A, die am Bildschirm mit hoher Sicherheit erkannt worden waren, auch durch die Grabung bestätigt. Dazu gehören insbesondere die Außenmauern und die Hauptmauern der Innenräume. Als falsch erwies sich die Deutung des „Innenhofes“, waren doch die Fundamentgruben für die Säulenstellungen im Magnetbild nicht zu erkennen. Falsch war auch die Annahme der Gliederung der Außenfassade, die sich im Magnetbild als „gezackt“ darstellte, in Wirklichkeit jedoch aus geradlinig verlaufenden Mauern besteht, die sich für das Kerngebäude zu einem regelmäßigen rechteckigen Grundriß fügen. Während die Hauptmauern durch die Grabung bestätigt wurden, gehen alle anderen „Mauern“ der Interpretation auf unterschiedliche Bodenbefunde zurück, die in recht mächtiger Ausprägung unmittelbar aneinander stoßen: die oben angesprochenen „schwarz-braunen

Lehme“ und die „braunen Sande“. Hierdurch „entfallen“ der innere Umgang des ja ebenfalls nicht vorhandenen offenen Hofes, die Untergliederung der Räume, die ihn umschließen und der oben angesprochene „Seiteneingang“. Dieser wird vielmehr von einem einzelnen Raum eingenommen, der im Fundamentbereich mit hellgelbem Sand verfüllt ist, ein als Fundament anzusprechendes Phänomen, das sich bisher jeglicher Deutung entzieht. Auch die stark gegliederte Südwand des Gebäudes A hat keinen Bestand: Wie auch immer ihre Abwesenheit später erklärt werden kann – sei es durch die oben angesprochene Raubgrube oder bessere Erkenntnisse bei den architektonischen Zusammenhängen im Süden des Grabungsplatzes – nach dem derzeitigen Stand der Auswertung gehört die betreffende Mauer zu einer Uferbefestigung, wenn man so will zu einer Mole, mit welcher der Pelusische Nilarm befestigt wurde. Sie weicht, geradlinig verlaufend, nicht nur in stärkstem Maße von der Orientierung des Gebäudes A ab und kann schon von daher kaum zu ihm gehören, sondern sie verläuft auch in Flucht des Ufers, das das Magnetbild im Osten und Westen des Gebäudes A klar und deutlich zeigt.

Vollends abwesend waren in der Interpretation des Magnetbildes die architektonischen Elemente im Norden des Gebäudes: von einer „Veranda“, einer breiten zweizügigen Treppe, einem „Hof“ und einer, gar mehreren Umfassungsmauern, war im Grunde nichts zu erkennen. Erst während der Grabungsarbeiten erwuchs die Möglichkeit, Mauern, die als äußerst fragwürdig kartiert worden waren, mit den Befunden zu verbinden. So war die beschriebene, später eingezogene Umfassungsmauer auch im Magnetbild als extrem schwaches und nur geringfügig sichtbares, negatives Lineament vorhanden. Ein weiteres, parallel verlaufendes Lineament weiter im Norden könnte nunmehr vielleicht als weitere Umfassungsmauer gedeutet werden, die mit den Fußböden b oder c des Vorhofes zu korrelieren wäre (Abb. 2).

Daß bei diesen architektonischen und stratigraphischen Befunden in keiner Weise mehr an die Deutung des Gebäudes A als hethitischer Tempel gedacht werden kann, liegt klar vor Augen. Eine knappe Zusammenfassung der bisher bekannten architektonischen Gegebenheiten mag dies noch einmal darlegen.

Abb. 12 – Beispiel für die Auffindungssituation der Relieffragmente aus dem Fußboden relativ a: eine in erhabenem Relief geschnittene Mohnkapsel und weitere Pflanzen erinnern im Stil an den „Botanischen Garten" Thutmosis' III. in Karnak. (Photo E. PUSCH).

Abb. 13 – Vorderseite der Keilschrifttafel 2003/0260, Planquadrat Q VII-e/6, Schicht relativ a. (Photo K. PARLOW).

Abb. 14. – Türsturz 2002/0334, Vorderseite mit dem königlichen Protokoll Ramses' II. nach der Restaurierung, Planquadrat Q VII-c/6, Außenraum 1, Schicht relativ b. (Photo K. PARLOW).

Das Gebäude A hat einen rechteckigen Grundriß von mindestens 37 m Nord-Süd bei mindestens 25 m Ost-West. Es ist nach Norden ausgerichtet[57] und symmetrisch angelegt. Eingeschlossen von einer Umfassungsmauer mit Umgang und einem weiträumigen Vorhof, der durch einen Torbau betreten wird, steht es auf einer Plattform, die das übrige Siedlungsniveau beträchtlich überragt. Die Plattform wird über eine zweizügige Treppe erreicht, die in der Zentralachse des Gebäudes zunächst zu einer „Veranda" führt, die dem gesamten Gebäude im Norden vorgelagert ist. In der Achse der Treppe ermöglichen vermutlich zwei doppelflügelige Tore – und weitere Nebentüren – den Zugang zu einer breiten Vorhalle von 3,00 m Tiefe, welche die gesamte Breite des Gebäudes einnimmt. Von ihr aus war ein zentral gelegener Säulensaal zu betreten, dessen Zugang sich in der Nord-Süd orientierten Hauptachse des Gebäudes befand. Weitere Türen dürften von der Vorhalle in die Räume geführt haben, welche den Säulensaal im Osten und Westen umgeben. Ebenso hat eine großzügig angelegte Wegeführung den Säulensaal direkt mit allen im Osten, Süden und Westen liegenden Räumen verbunden. Das Gebäude hat also insgesamt einen streng spiegelsymmetrischen Grundriß längs seiner Nord-Süd-Achse.

**Das Fundgut**

Funktional deutbares Fundgut wurde bisher nicht geborgen. Wie oben dargelegt, waren die Fußböden des Vorhofes, wie im übrigen auch die der Außenräume nahezu fundleer, während innerhalb der Räume des Gebäudes A keine Fußböden erhalten waren, die den Hauptnutzungsphasen des Gebäudes entstammen. Aus den Füllschichten der Plattform, die das Gebäude trug, konnte ein reiches Spektrum sekundär bzw. tertiär gelagerter Keramik geborgen werden, das nach vorläufiger Durchsicht ausschließlich der 19. Dynastie entstammt.

An weiterem Fundgut ist vor allem die als Rollierung für den Fußboden relativ a des Vorhofes genutzte, zerschlagene Kalksteinarchitektur nochmals zu erwähnen, deren Potential oben kurz dargelegt wurde (Abb. 11-12). Hier gilt es abzuwarten, ob und welche Szenen eines Bildprogrammes rekonstruiert werden können und ob es möglich sein wird, diese tatsächlich dem Gebäude A in einer bestimmten Bauphase zuzuweisen.

So entbehrt es nicht einer gewissen Ironie, daß ausgerechnet in Zusammenhang mit einem Gebäude, das ursprünglich als potentieller hethitischer Tempel angesprochen wurde, der Hoffnung auf die Sicherung von Keilschrifttafeln eröffnet hätte, sich dann aber als rein ägyptisches Repräsentationsgebäude herausstellte, das Fragment einer Keilschrifttafel gefunden wurde (Abb. 13). Dieses war, völlig erodiert und in einem bedauernswerten Erhaltungszustand, in eine Schicht eingebettet, die klar und deutlich nachzeitig zur Funktions- und Nutzungszeit des beschriebenen Gebäudes A ist. Neben der Grube eines Ofens in verziegeltem Lehm gelegen, Phänomene, die mit hoher Wahrscheinlichkeit der Herstellung von Rohglas dienten, ist seine Lagerung als „tertiär" zu beurteilen: nicht nur außerhalb des Nutzungsbereiches, sondern auch außerhalb der Nutzungsschicht. Daß es nach Schreibduktus und Inhalt der diplomatischen Korrespondenz zwischen den hethitischen und ägyptischen Königshöfen zuzurechnen ist, daran besteht kaum ein Zweifel. Unbestreitbar ist, daß es der Regierungszeit Ramses' II. zuzuordnen ist und in sie projiziert werden muß. Keramik der Einlagerungsschicht des Fragmentes, einer Störungs- und Abrißschicht, die große Teile des Gebäudes A überlagert, entstammt der frühen(?) 20. Dynastie. Sein Inhalt läßt sich in kurzer Formulierung dahin zusammenfassen, daß er bei aller Vorsicht in der Auswertung, möglicherweise mit dem § 10 des berühmten Friedensvertrages zwischen Ramses II. und Hattusili III. in Verbindung stehen könnte[58]. Dieser einzige unilaterale Paragraph – sind doch sonst alle anderen bilateral formuliert, Nicht-Angriffs-, Beistandspakt usw. – fordert die Unterstützung Ramses' II. für den Fall, daß der Sohn Hattusili III. bei der Nachfolge auf den Thron seines Vaters in Schwierigkeiten gerät, hatte dieser ihn doch widerrechtlich von seinem Neffen Urhi-Teschub usurpiert. Was dort für die Zukunft formuliert ist, könnte im Brief im Präteritum als vollzogen angesprochen sein. Dies wäre eine neue historische Facette in den Beziehungen zwischen Ägypten und Hatti, die neben vielem anderen noch in der Zeit Ramses' III. durch Getreidelieferung als eng und freundschaftlich bezeugt sind.

Ob das Fragment diplomatischer Korrespondenz trotz seiner Lage mit dem Gebäude A verbunden werden darf, mag einstweilen dahingestellt sein. Interessant in diesem Zusammenhang ist dann immerhin, daß sich mindestens zwei Objekte fanden, die unter Umständen mit der Keil-

---

[57] Das Planquadratnetz von Q VII weicht um 12,691 gon nach Ost ab; die Hauptmauern des Gebäudes A verlaufen dem entsprechend nahezu exakt Nord-Süd / West-Ost.

[58] Zu all diesem ausführlich PUSCH / JAKOB, „Der Zipfel des diplomatischen Archivs Ramses' II.", in: *Ägypten und Levante 13* (2003), 143-153.

schrifttafel funktional verbunden werden dürfen. Einerseits innerhalb des Gebäudes A in einer Füllschicht oder in dem Rest eines Fundbodens enthalten, dies ist noch nicht abschließend ausgewertet, andererseits auf einem Fußboden des Außenraumes Nr. 01 aufliegend, der zeitgleich mit der Nutzung des Gebäudes ist, fanden sich zwei identische Objekte aus Knochen. Aus einem Röhrenknochen hergestellt und facettiert geschliffen, ist in beiden Fällen das eine Ende spitzrund, das jeweilige andere Ende mit deutlichen Säge- und Schleifspuren angeschrägt. Mit einer Länge von jeweils etwa 12,0 bis 15,0 cm könnte es sich daher bei diesen Objekten um Schreibgriffel handeln, mit denen Keile in den lederharten Ton einer Tafel gedrückt wurden. Weitere Untersuchungen an den beiden Objekten bleiben allerdings abzuwarten.

Ein ähnlicher, in seinen Abmessungen jedoch abweichender „Griffel" war in der Abfallfüllung eines langgestreckten Graben enthalten, der die Vorhoffußböden durchschlug. Der wiederum ist mit einem Skarabäus mit einer Reiterdarstellung verbunden, die wohl als „Astarte zu Pferd" aufzufassen ist.[59] Läßt sich bis jetzt daraus auch nichts Schlüssiges herleiten, es muß im Auge behalten werden, daß diese Schicht in etwa zeitgleich mit der Einbettungsschicht der Keilschrifttafel anzusetzen ist.

Zusammenfassend bleibt festzuhalten, daß weder innerhalb des Gebäudes, noch in seinen Vorhöfen – definiert durch die einander auflagernden Fußböden – noch in seinen Außenräumen Fundgut angetroffen wurde, daß zu einer zweifelsfreien funktionalen Deutung des Gebäudes A herangezogen werden kann. Da ein Gebäude vergleichbaren Grundrisses in der Literatur bisher nicht aufscheint, zumindest mir nicht bekannt ist, habe ich keine andere Möglichkeit, als es als Gebäude eines repräsentativen, festlichen, sicherlich herausgehobenen Charakters anzusprechen. Dafür spricht seine Errichtung auf der Plattform; dafür spricht auch seine prominente Lage unmittelbar am Pelusischen Nilarm. Dafür könnte auch der magnetische Befund sprechen, der im Norden die Rekonstruktion eines weitläufigen Gartens oder Haines ermöglicht. Der Begriff „Palast" erscheint mir zu umfassend, der Begriff „Festhalle" ist dagegen vielleicht zu präzise.

[59] Nach dankenswertem Hinweis von O. KEEL: siehe dazu demnächst CORNELIUS, OBO 201, 40-45, 81-83, 93-94, Abb. 4.1-26, besonders Abb. 4.13, 4.13a und 4.15; vgl. PUSCH, „Piramesse-Qantir. Residenz, Waffenschmiede und Drehscheibe internationaler Beziehungen", in: S. PETSCHEL (Hg.) Pharao siegt immer, Ausstellung Gustav-Lübcke-Museum, Hamm, 21. März bis 31 Oktober 2004, Bönen 2004, Q 48.

Eine weitere Frage muß vorerst ebenfalls offen bleiben. Die Grabung lieferte keine Anhaltspunkte, die erklären könnten, warum die Mauern positiv zeichnen. Nach Lage der Dinge und Beobachtung der Bodenbefunde sollten die Füllschichten zwischen den Mauern höher magnetisch sein als das Mauerwerk. Auch die Beschaffenheit des Baugrundes hilft hier kaum weiter: die mit Sand gefüllten Fundamentgräben sind viel zu flach, im Übrigen ja auch nicht durchgehend vorhanden, als daß sie das Magnetbild in dieser Hinsicht verändern könnten. Magnetischer Kontrast, wie er für den Grabungsplatz Q VI erschlossen wurde, scheidet also ebenfalls aus. Es dürften also die Ziegel selbst sein, deren Magerung das Magnetbild prägt. Magnetische Elemente sind makroskopisch nicht zu erkennen. Untersuchungen der Baustoffe bleiben daher abzuwarten.

### Die Stratigraphie und ihre Datierung

Mehrfach wird oben von der relativen Abfolge der Fußböden des Vorhofes des Gebäudes A gesprochen. Ebenso habe ich aufgezeigt, daß eine entsprechende Abfolge innerhalb des Gebäudes A nicht in diesem Umfang zu leisten ist, da die entsprechenden Schichten und damit verbundenen Veränderungen des Gebäudes nicht greifbar, vielleicht abplaniert worden sind. Von daher wäre es verfrüht, eine, wenn auch nur vorläufige, Gesamtstratigraphie des Grabungsplatzes Q VII zu zeichnen. Klar ist dennoch, daß der Vorhof mehrfach umfangreiche und tiefgreifende Veränderung erfuhr, die durchaus in der Ausrüstung des Gebäudes A ihren Spiegel haben könnten. Dem wird, obwohl vielleicht niemals beweisbar und greifbar, unterstützt durch weitere Arbeiten nachzugehen sein.

Wie auch immer diese Ergebnisse lauten werden, gibt es jenseits der Befunde aus der Rollierung des Fußbodens relativ a des Vorhofes mit seinen Namenfragmenten Ramses' II. einen Befund, der das Gebäude zweifelsfrei mit der Zeit Ramses' II. verbindet. Schon in der Kampagne 2002 wurde ein Türsturz geborgen, der den Beginn des königlichen Protokolles dieses Herrschers bietet (Abb. 14). Entscheidend ist nicht sein Vorhandensein, sondern der Befund: Der Türsturz lag eindeutig verklappt, also aus primärer Verbauungen verstürzt, auf dem obersten der Fußböden des Außenraumes 01, also eines Raumes außerhalb des Hauptgebäudes A, auf. Dieser Raum ist aber, durch den oben beschriebenen Kalkverputz, zweifelsfrei gleichzeitig mit dem Hauptgebäude, wobei zunächst noch offen bleibt, mit welcher Bau- und Nutzungsphase er verbunden werden darf.

Doch wird hierdurch für die betreffende Nutzungsphase nicht nur ein *terminus ante quem non* oder *post quem* gewonnen, es wird vielmehr der Zeitpunkt bzw. Zeitbereich erfaßt, in dem das Gebäude A errichtet, genutzt und auch verändert wurde.

### Ausblick

Weder das Gebäude B noch das Gebäude C wurden in den Befunden oben behandelt (Abb. 1-2). Doch dürfte ihre funktionale Bestimmung zur Deutung des Gebäudes A beitragen. Während Gebäude C, bestehend aus einer vorgelagerten Querhalle und nachgeordneten, langstreckten Räumen unschwer als kleiner Tempel erkenntlich ist, liegt die Situation bei Gebäude B wesentlich anders. Kurz gesagt entpuppten sich die negativen Lineamente, oben in der Interpretation der magnetischen Messungen als Mauern angesprochen, als kanalförmige Strukturen, gefüllt mit geschichteten, ausgeglichenen Schwemmsanden, während die positiv zeichnenden „Innenräume" aus kuppelförmig gewölbten, an den Oberkanten der Schichtungen geweißten Niltonen bestehen. Dieser überraschende Befund muß in Zukunft weiter untersucht werden: Im Magnetbild deutliche „Mauern" sind im Grabungsbefunde deutliche „Kanäle"; im Magnetbild deutliche „Innenräume" sind im Grabungsbefund unabweisbare, mehrfach geschichtete, an ihrer Oberkante jeweils mit einem Verputz überzogene Niltonschichten, wobei diese sowohl eine Ost-West verlaufende Wölbung als auch ein Nord-Süd verlaufendes Gefälle aufweisen. Vereinzelte Ziegelstrukturen verwirren einstweilen das Bild noch mehr. Erst eine flächendeckende Freilegung, verbunden mit gezielten Schnitten, dürfte hier zum Ziel führen, dieses auf einer Halbinsel im Pelusischen Nilarm gelegene „Gebäude" zu deuten. Einstweilen gaben wir ihm den Namen „Wassergarten".

Das Gebäude A betreffend, bleibt eine Reihe von Fragen offen (Abb. 15): Während die Stratigraphie des Vorhofes über die beschriebenen Elemente hinaus erarbeitet werden kann, dürfte auch in Zukunft offen bleiben, ob parallele Veränderungen innerhalb des Gebäudes stattfanden. Daß dem so sein könnte und dürfte, dafür stehen die bisher noch nicht erwähnten Pfostenlöcher innerhalb der Füllschichten sowie ein Wandel des Baumateriales innerhalb der Mauern: von den angesprochenen bis zu sieben Ziegellagen erhaltenen Fundamenten bestehen die unteren vier Lagen aus „reinen" Niltonziegeln, während die oberen drei Lagen aus den eingangs charakterisierten Ziegeln aufgeführt wurden. Hierin könnte sich einerseits eine Baufuge manifestieren, andererseits ein bewußt vollzogener Einsatz von Baustoffen, der den Wasserverhältnissen Rechnung trug. Niltonziegel sind gegenüber Wasser, in diesem Fall dem Wasser des Pelusischen Nilarms, wesentlich beständiger als sandgemagerte Nilschlammziegel.

Ungeklärt ist auch, wie das Gebäude A im Süden ausgeprägt war. Es fällt zunächst leicht, eine Südwand zu ergänzen, die im Bereich der von uns angesetzten Raubgrube liegt. Dadurch würde ein recht regelmäßiger, symmetrischer Bau auf rechteckigem Grundriß gewonnen. Doch sei davor gewarnt. Es ist durchaus möglich, daß bei der Errichtung dieses sicherlich außergewöhnlichen Baues auf den Verlauf des Pelusischen Nilarmes Rücksicht genommen wurde. Auch die stratigraphische Einordnung des Gebäudes B spielt hier eine wesentliche Rolle. Solange sie nicht geklärt ist, bleibt der südliche Teil des Grundrisses des Gebäudes A uns verborgen.

Abb. 15 – Blick von einem Strommast auf den Grabungsplatz Q VII: Nordwand des Gebäudes A mit Veranda, zweizügiger Treppe und Nebentreppe am Nordosteck. Im Vorhof sind die Fußböden a-c in verschiedenen Präparationsstadien sichtbar. Gebäude B liegt unter dem Aushubhügel im Hintergrund des Bildes. (Photo E. PUSCH).

Völlig offen verbleibt der Zusammenhang zwischen dem Keilschrifttafel-Fragment und dem Gebäude A, wenn nicht die erwähnten „Schreibgriffel" einen Zusammenschluß ermöglichen. Doch ist dieser Zusammenschluß zunächst noch zu vage. Da fest steht, daß die Keilschrifttafel von unten nach oben und wohl auch horizontal verlagert wurde und mit Sicherheit längere Zeit einem Verwitterungsprozeß ausgesetzt war, besteht die große und sicherlich nicht unberechtigte Hoffnung, in tieferen Schichten und in ihrem näheren Umfeld ein Anschlußstück oder weitere Teile der diplomatischen Korrespondenz zwischen den Großmächten der frühen Ramessidenzeit zu finden.

Doch selbst wenn dieses nicht der Fall sein sollte, lohnt es jede Anstrengung, der Funktion des Gebäudes A, und damit auch des „Gebäudes B", auf die Spur zu kommen, gehören sie doch zu dem Bereich, der als „Verwaltungsbezirk" der Ramses-Stadt angesprochen werden darf. Dadurch sind sie der „Weststadt" mit ihren nahezu planmäßig aufgeführten Villen im Stil des Amarnahauses ebenso enthoben, wie die Gebäude der stark organisch gewachsene „Oststadt" mit Wohnhäusern und auch Villen und sicherlich auch der Versorgung der Bevölkerung dienenden Einrichtungen aller Art.

## Zusammenfassung

Es gab eine Interpretation der magnetischen Prospektion, die zu der Arbeitshypothese führte, daß die positiven und mit ihr in Verbindung stehenden negativen Lineamente zu einem hethitischen Tempel gehören könnten. Die Grabungsbefunde legen jedoch eindeutig und unzweifelhaft dar, daß ein Gebäude mit nicht-ägyptischer, gar hethitischer Struktur nicht vorhanden ist. Das Gebäude selbst, charakterisiert durch Symmetrie und geradlinigen Aufbau, datiert ohne Zweifel in die Zeit Ramses' II., wobei seine Nutzungszeit nach oben, während späterer Zeiten, offen bleibt und zunächst ungeklärt ist. Das überraschende Auftreten des Keilschrifttafelfragmentes der Korrespondenz zwischen Hatti und Ägypten, gerade in tertiärer Lagerung, gibt der Hoffnung Raum, daß in nicht allzu großer Entfernung weitere Teile der Korrespondenz, zumindest aber dieses Briefes gefunden werden können.

## Nachbemerkung

Eine erste Version dieses Artikels erschien – teils mit anderen Abb. – unter dem Titel *Hittittisk arkitektur i Ramsesbeyen*, in *PAPYRUS 2/03*, Dezember 2003, 22. Jahrg., Kopenhagen, 4-14 auf Dänisch (Übersetzung Lise Manniche und Tine Bagh).

# MOSES IM FILM

*„(...) and God is off-screen to the right. "* –
**Anmerkungen zu
Cecil B. DeMilles Monumentalfilmen
THE TEN COMMANDMENTS
(USA 1923 und 1956)[60]**

**Von Regina Heilmann und Diana Wenzel**

## Bibel und Film

Seit der Entstehung des Mediums Film war die Geschichte der Antike, besonders aber die Bibel, eine
beliebte Quelle für Filmstoffe gewesen. Die Gründe
hierfür liegen auf der Hand:

*„Das Erhebende und das Schaurige, das Spektakuläre und
das Mirakulöse gehen vor allem in den Geschichten des Alten
Testaments Hand in Hand (...). "[61]*

Die Skala, die an Sex und Gewalt geboten werden
konnte, ohne mit den Zensurbehörden in Konflikt
zu kommen, war aufgrund des biblischen Zu-
sammenhangs und des antiken Schauplatzes weitaus
größer als bei Filmen, die in der Gegenwart spielten.
Das Kino, bzw. der Film entwickelte sich schnell
zum Massenmedium, wodurch Regisseure mit ihren
filmischen Anliegen schon recht früh einen un-
geheuren Einfluss auf die Öffentlichkeit ausübten.

## Moses und Film

Die Figur des Moses zählt zu den wichtigsten der
abendländischen Kulturgeschichte und hat den
jüdischen, christlichen und islamischen Monotheismus geprägt. Die Kernhandlung der Moses-
Erzählung – der Empfang der Zehn Gebote sowie
der Auszug des geknechteten hebräischen Volkes
aus Ägypten – ist auch im abendländischen
kollektiven Gedächtnis des 20. Jahrhunderts noch
fest verankert. Die Darstellung des Leben Moses
steht in einer Tradition mit anderen filmischen
Umsetzungen populärer biblischer Geschichten.
Bis heute hat vor allem die Moses-Erzählung im
weitesten Sinn weder von seiner Aktualität noch
von seiner Wichtigkeit eingebüßt. Damit einher
geht auch das Phänomen der ungebrochenen
Popularität des Stoffes: So ist die Paramount-
Produktion THE TEN COMMANDMENTS aus dem
Jahr 1956 der weltweit am häufigsten im Fernsehen
ausgestrahlte Spielfilm.

Das Team von THE TEN COMMANDMENTS, allen
voran der Regisseur Cecil B. DeMille sowie das
anvisierte Publikum gingen sowohl in der Fassung
von 1923 als auch in der von 1956 von der
absoluten Historizität der Moses-Gestalt aus. Die
heutigen, komplexen theologischen Auseinander-
setzungen über Bedeutung sowie Historizität der
Moses-Gestalt sind nicht Gegenstand des vor-
liegenden Beitrags, denn sie waren auch nicht
Gegenstand der beiden Verfilmungen, um die es im
Folgenden gehen wird. Weder die Figur noch die
Funktion des Moses sind – auch wenn es ihn als
real existierende Person niemals gegeben haben
sollte – aus der abendländischen Geschichte
wegzudenken. Der Untersuchung einer Rezeption
bezüglich bedeutender Menschen der Kulturgeschichte ist grundsätzlich legitim, handelt es sich
um historische Persönlichkeiten, mythologisch-
legendäre oder fiktionale Figuren (vgl. z.B.
Kleopatra, ‚berühmte Paare' wie Judith und
Holofernes, Samson und Delilah, oder Herrscher-
gestalten wie Sardanapal, die Königin von Saba,
Semiramis oder der Belsazar des Alten Testa-
mentes). Der rote Faden der Rezeption Moses
führt von der Antike bis in die Postmoderne und
darüber hinaus.

Als sich Cecil B. DeMille vor über 80 Jahren zum
ersten Mal 1923 dem Thema der „Zehn Gebote"
zuwandte, war das Leben und Wirken Moses'
bereits mehrfach auf die Leinwand gebracht
worden. Schon 1907 drehte die französische Produktionsgesellschaft Pathé Frères den Film MOSES
ET L'EXODE DE L'ÉGYPTE, der die damals

---

[60] Vorliegender Beitrag ist die schriftliche Fassung des Referats
„Orientalische Welten – fremde Völker im Monumentalfilm",
das im Rahmen einer öffentlichen Vortragsreihe
(„Fundamentalismus und Demokratie") anläßlich des 11.
September 2001 im Rathaus der Stadt Mainz im April 2002
gehalten wurde. Damals wurden exemplarisch Ausschnitte aus
den beiden Filmfassungen gezeigt und im direkten Anschluss
kommentiert. Daher beschäftigt sich dieser Artikel punktuell mit
einzelnen Aspekten und behandelt die Filme nicht in ihrer
Gesamtheit. Literatur wurde bis einschließlich März 2002
berücksichtigt. Alle im Folgenden zitierten URL-Adressen
wurden im Februar 2004 nochmals überprüft. Das Eingangszitat
entstammt den Regieanweisungen des originalen Drehbuchs,
eingesehen im British Film Institute, London.
[61] Aus: KUCHENBUCH, *Bibel und Geschichte*, 312.

durchschnittliche Laufzeit von etwa fünf Minuten hatte. Andere französische Filmstudios folgten 1910 mit ISRAEL EN ÉGYPTE und im Jahr darauf mit THE INFACY OF MOSES.[62] Diese Filmchen hatten ebenfalls eine Länge von wenigen Minuten und konzentrierten sich daher auf die Höhepunkte des jeweiligen biblischen Stoffes. Die in den Jahren 1909 bis 1910 unter der Regie von James Stuart Blackton verfilmten fünf Teile von THE LIFE OF MOSES (Vitagraph) gingen zusammengenommen als erster Film in Spielfilmlänge in die Filmgeschichte ein.

Es handelt sich zu dieser Zeit oft noch um komplett textlose Vorführungen. Die sogenannten Zwischentitel, deren Texte im Fall von Bibelfilmen meistens wortwörtlich aus den originalen Quellen übernommen wurden, kamen erst später auf. Ton und somit Text in gesprochener Dialogform wurde gegen Ende der 1920er Jahre entwickelt.

Bis heute wurde und wird das Thema der 10 Gebote in unterschiedlichster Weise verfilmt: von unzähligen TV-Produktionen mit religionspädagogischem Anspruch bis hin zu kindgerechten Zeichentrickadaptionen wie PRINCE OF EGYPT (USA 1998). Der europäische Autorenfilmer Krzysztof Kieślowski beispielsweise widmete sich in den 1980er Jahren einer philosophischen Auseinandersetzung der Zehn Gebote und ihrer Gültigkeit.[63]

## THE TEN COMMANDMENTS (USA 1923)

Nach dem Ersten Weltkrieg drehte DeMille zunächst High Society-Dramen. 1922 veröffentlichte er in der Los Angeles Times einen Wettbewerb, der demjenigen $ 1000 versprach, der die beste Idee zu einem Kinofilm lieferte. Sechs Vorschläge bezogen sich auf die Zehn Gebote. Der Gewinner war ein Mann aus Michigan, dessen Einleitung den Satz enthielt „Sie können die Zehn Gebote nicht brechen – sie werden Sie brechen!"

Als DeMille der Produktionsgesellschaft Paramount diese Bibelthematik anbot, lehnte man zunächst mit den Worten ab, niemand wolle Leute sehen, „die Bettlaken trügen". Doch DeMille konnte sich durchsetzen und schickte seine Assistentin Florence Meehan auf eine Reise durch Ägypten, Palästina, Syrien, Indien, Burma, Kaschmir, China, Persien und Japan. Sie sollte dort Kostüme, Waffen, Seide und andere Stoffe, Schmuck und Teppiche kaufen.

Die Vorbereitungen dauerten insgesamt acht Monate. Im Mai 1923 begannen die Dreharbeiten an der kalifornischen Küste. Ursprünglich hatte DeMille in Ägypten drehen wollen, wurde aber durch die Sparsamkeit des Chefs der Produktionsfirma, Adolph Zukor, gezwungen, in die wüstenartige Landschaft von Guadalupe, Kalifornien, auszuweichen. Dort errichteten über 1000 Handwerker, Maler und Dekorateure die Stadt des Ramses in enormen Ausmaßen. Man baute einen riesigen Pylon, vier Kolossalstatuen und 24 Sphingen.[64]

An der Exodus-Szene beteiligten sich 6000 Tiere und 3500 Menschen, unter ihnen 225 orthodoxe Juden, die durch ihre Kostümierung als ihre eigenen Vorfahren inszeniert wurden. Der gigantische Aufwand ist umso bemerkenswerter, wenn man bedenkt, dass die Bibelgeschichte um Moses nur den ca. 50-minütigen Prolog des Films THE TEN COMMANDMENTS darstellt. Es handelt sich hierbei nämlich um einen sogenannten kombinatorischen Film, der sich aus zwei Teilen zusammensetzt - einen, der im Alten Ägypten spielt und dessen Thema der Exodus ist, sowie einen, dessen Handlung in der Gegenwart angesiedelt ist. Schauplatz letzteren, fast zweimal so langen Teils ist das zeitgenössische Los Angeles: Eine tief religiöse Frau liest ihren erwachsenen Söhnen aus der Bibel vor. Während der ältere ein gottesfürchtiger Mann ist, macht sich der jüngere über deren Glauben lustig und leugnet die Macht Gottes. Im Folgenden verstößt er gegen jedes einzelne der Zehn Gebote und verliert dabei nicht nur den Respekt seines Bruders und die Liebe seiner Frau, sondern verschuldet am Ende gar den Tod seiner Mutter.

Insgesamt kostete der Film $1,4 Millionen, was etwa dem Vierfachen eines durchschnittlichen Filmbudgets der damaligen Zeit entsprach. Er war ein durchschlagender Erfolg – sowohl beim Publikum als auch bei den Kritikern, die vor allem die Bibelsequenz lobten. DeMilles Annahme, arme Leute wollten Reichtum, Farbenpracht und Exotik sehen, bewahrheitete sich.

---

[62] Eine Übersicht über die Verfilmungen der Stoffe des Alten Testaments liefern CAMPBELL/PITTS, *The Bible on Film*, 1ff., sowie SOLOMON, *The Ancient World in the Cinema*, 330f..
[63] TV-Serie „Dekalog", Polen 1987/88. 10 Folgen à 55 Minuten.

[64] Seit den 1980er Jahren graben Archäologen das Areal wieder aus. Der Dokumentarfilmer Peter Brosnan hatte 1983 durch Hinweise in DeMilles Autobiographie (DONALD HAYNE, Hg., *The Autobiography of Cecil B. DeMille*, London 1960) die genaue Lage des Drehortes bestimmen können. Unter der Leitung des Archäologen John Parker konnten dutzende Artefakte, darunter auch Münzen und Kostümteile, freigelegt werden. Radarmessungen haben ergeben, dass sich noch mindestens 23 große Stücke im Sand befinden. DeMille würde sich über die Ausgrabungen vermutlich freuen. Er fragte sich schon damals, was wohl passieren würde, wenn in ferner Zeit Archäologen seine Kulissen finden würden, von deren Authentizität er absolut überzeugt war. Im Jahre 1998, passend zum 75. Geburtstag des Films, gründeten sich die „Friends of the Lost City", die seither zur Finanzierung des Projekts Spenden sammeln, da Hollywood selbst kein Interesse an einer Konservierung der Kulissen hat. Siehe ausführlich www.lostcitydemille.com.

**Der Prolog**

Der ‚Rückblick' in die biblische Geschichte wird im Film, wie bereits erwähnt, als ‚Prolog' bezeichnet. Der einleitende Zwischentitel schildert zunächst die immerwährende Gültigkeit der Zehn Gebote und endet mit den Worten:

*„Der Kampf zwischen den Mächten, die in Moses und dem Pharao verkörpert seien, dauerte bis in die Gegenwart an, aber: Die Zehn Gebote sind keine Gesetze, die man befolgt, um Gott einen persönlichen Gefallen zu tun. Sie sind fundamentale Prinzipien, ohne die die Menschheit nicht in Gemeinschaft leben kann. Sie sind keine Gesetze, sie sind das GESETZ.“* [65]

Mit einer solchen Einleitung wird die universelle Gültigkeit der Erzählung überbetont. Hätte man die Rückblicke mit der Gegenwartshandlung nicht nur inhaltlich verknüpft, sondern die einzelnen Szenen alternierend ineinander geschnitten, wäre jedoch der monumentale Charakter geschmälert worden. Der Film ließe sich dann beliebigen anderen Adaptionen biblischer Stoffe im kombinatorischen Stil zuordnen.

Der Film verweist zunächst auf die Schrecken des Krieges: Es wird bereits im ersten Zwischentitel darauf hingewiesen, dass durch die verheerenden Folgen des Ersten Weltkrieges die Welt „bitter" geworden sei. Dem Dekalog wird daher von Anfang an nicht nur ein religiöser Gehalt zuteil, sondern der Regisseur stellt ihn in einen konkreten politischen Kontext und definiert ihn als universelles Recht, ganz im Sinn der späteren UN-Menschenrechtscharta. DeMille ist jedoch gleichzeitig der Ansicht, dass die Zehn Gebote heute kaum mehr befolgt würden und wendet sich gegen die ‚Gottlosigkeit' der heutigen Gesellschaft. Diese Missachtung der Gebote bezieht der Regisseur auch darauf, dass – wie er feststellt – Gott heutzutage als „religiöser Komplex" definiert würde. Durch diesen Hinweis demonstriert der Regisseur sein persönliches Unverständnis für die zeitgenössische theologische Forschung und kritisiert deren Ansatz. DeMille nimmt die Bibel wörtlich und projiziert seine Bibelrezeption zudem auf die gesamte westliche Welt.

Trotzdem ist es kaum zu verbergen, dass er nicht darauf verzichten will, die bereits angesprochene Opulenz zu inszenieren: Um leicht bekleidete Frauen tanzend zu zeigen, sieht das Publikum als Kontrast hierzu den ganzen Prolog über einen alten, bärtigen Moses, der tief betrübt und kopfschüttelnd einem solchen Treiben zuschauen muss, quasi aus der pseudo-moralisierenden Perspektive des Zuschauers.

Die meisten Zwischentitel der Handlung entstammen, jeweils mit Quellenangabe, dem Buch Exodus sowie den weiteren Moses-Büchern Numeri und Deuteronomium. Jene Zwischentitel wiederum, die aus der Feder des Regisseurs beziehungsweise der Drehbuchautorin stammen, sollen möglichst angepasst an die Originalzitate aus der Bibel wirken. Sie erscheinen, vor allem für das heutige Publikum, ungeheuer theatralisch und überbetonen die Größe der Israeliten sowie die Verderbtheit der Ägypter.

Als schmückendes Accessoire ist das bekannte Motiv des Davidsterns auf den Tafeln der Zwischentitel zu sehen: In der Mitte der sich durchdringenden Dreiecke ist darüber hinaus ein Christenkreuz zu erkennen. Es geht hier mitnichten um die korrekte historische Verwendung religiöser Symbole. DeMilles demonstriert somit vielmehr die zeitlose Relevanz des für Christen wie Juden gleichermaßen bedeutsamen religiösen Stoffes.

**Szenenbeispiele**

Die erste Szene des Films zeigt die geknechteten jüdischen Sklaven, die unter den Peitschenschlägen der ägyptischen Aufseher einen riesigen Sphinx ziehen. Als nächstes wird Ramses, gespielt von Charles de Roche, auf einer Sänfte herbeigetragen. [66]

In der folgenden Szene sieht man Moses (Theodore Roberts), der an den Hof des Königs kommt. Der Thronsaal hat gigantische Ausmaße, Ramses sitzt auf seinem Thron vor einer Monumentalstatue, der Raum wirkt düster. Diese bedrohliche Atmosphäre wird durch herumstreunende Löwen noch verstärkt. Direkt neben Ramses steht sein Sohn, der die Diskussion zwischen Moses und seinem Vater aufmerksam verfolgt. Etwas abseits befindet sich die Königin [67] inmitten ihrer Hofdamen. Sie trägt ein Kleid, das eher einem Bauchtanzkostüm gleicht denn irgendeiner Bekleidung altägyptischer Frauen oder Königinnen. Es zeigt so viel Haut, wie es die damaligen Zensurbehörden gerade noch zuließen. Durch ihre Aufmachung entsteht ein orientalisches Flair, das durch einen Tanz noch weiter betont wird. Es werden Musikanten beiderlei Geschlechts gezeigt, die aneinander lehnen und in ihrer Laszivität an eine Orgie denken lassen. Die Tänzerin tanzt zunächst mit einem Schleier, den sie aber schon bald von sich wirft. Auch sie trägt ein zweiteiliges Bauchtanzkostüm. Der ägyptische

---

[65] Die Übersetzung der englischsprachigen Zwischentitel stammt von den Verfasserinnen.

[66] Sowohl die Sänftenträger wie auch die ihnen vorangehenden Wedelträger sind – wie in 99% aller Filme und Fälle – Schwarze, sämtliche Haupt- und Nebenrollen sind aber ansonsten durch weiße Schauspieler besetzt worden.

[67] Die Königin, die nur als „Wife of Pharaoh" bezeichnet wird, wurde von Julia Faye dargestellt, der einzigen Schauspielerin, die auch in der 1956er Version wieder mitwirkte (als Aarons Frau Elisheba).

Pharaonenhof erscheint somit als Palast eines orientalischen Herrschers. Es lässt sich hier bereits der von DeMille in seinen späteren Tonfilmen gefrönte Orientalismus erahnen, der sich in der Darstellung sexueller Exzesse und weiblicher Stereotypen äußert (vgl. z. B. CLEOPATRA, USA 1934, und SAMSON AND DELILAH, USA 1949)[68].

Nachdem Ramses Moses verjagt und den Kindern Israels noch härtere Arbeit angedroht hat, bricht auch die zehnte Plage über Ägypten herein: Pharao bekommt seinen toten erstgeborenen Sohn gebracht. Verzweifelt wendet sich der König an seine Götter. Er legt sein Kind zwei düster wirkenden Statuen zu Füßen. Bei den gezeigten Gottheiten handelt es sich um den schakalköpfigen Anubis und um den Gott Chepre, der hier einen Skarabäus als Kopf trägt. Zwar gibt es eine solche Darstellung im Alten Ägypten tatsächlich[69], doch hatte man diese Form vermutlich gewählt, weil sie in den Augen des Zuschauers absurd und fremd anmutet und dem christlichen Gottesbild diametral entgegensteht. Um diesen Gegensatz kontrastieren zu können, wären rein menschengestaltige Gottheiten, die das Alte Ägypten zuhauf kannte, nicht geeignet gewesen. Natürlich sind die fremden, heidnischen Götter, vor denen Ramses Räucheropfer darbringt, machtlos, sie können seinen Sohn nicht ins Leben zurückrufen.

Interessant ist die Schlussszene des Prologs: die Geschichte vom Leben Moses schließt mit dem Tanz um das Goldene Kalb, also dem Zorn Gottes. Das ‚Happy End‘ der Erzählung, nämlich der Einzug in das Gelobte Land, wird dem Publikum vorenthalten. Dadurch wirkt der Zorn Gottes nach menschlicher Verfehlung unversöhnlich. Aufgeklärt wird der Entschluss des Regisseurs, den Prolog so enden zu lassen, am Ende des gesamten Films, als die tief religiöse Mutter durch das Verschulden ihres Sohnes sterben muss: Sie gibt sich selbst die Schuld an dessen Verfehlungen, da sie ihn immer nur lehrte, Gott zu fürchten anstatt ihn zu lieben.

## DeMille und die Ägyptomanie

DeMilles Interpretation biblischer Geschichte verbindet sich mit dem Phänomen der Ägyptomanie. Die erste Hälfte der 1920er Jahre erlebte nämlich durch den Fund des Tutanchamun-Grabes 1922 ein Ägypten-Revival. Dieses ist aufgrund der biblischen Erzählung vom Leben und Auftrag Moses´ wunderbar mit einem Bibelfilm vereinbar. DeMille plante zunächst, seine Figur des Pharao Tutanchamun zu nennen, doch konnte er davon überzeugt werden, dass dieser König nichts mit der Erzählung des Exodus zu tun hatte.

Unter dem Blickwinkel der Begegnungen verkörpert Israel als auserwähltes, friedfertiges Volk, das an den Einen Gott glaubt, kulturelle Wahrheit und Weisheit. Das polytheistische, militärisch mächtige Ägypten hingegen repräsentiert analog dazu alles Negative. Die wahren Dimensionen der ägyptischen Kultur und Geschichte werden geleugnet und der einzige Zweck ihrer Darstellung liegt in ihrer Konstruktion als Gegenpol Israels. Dies hat nicht nur dramaturgische, sondern auch ideologische und religiöse Beweggründe.

Auch in Europa wandte man sich in diesem Zug Filmthemen zu, die sowohl das Ägypteninteresse bedienten als auch eine biblisch-moralisierende Ebene aufwiesen: Der österreichische Film DIE SKLAVENKÖNIGIN aus dem Jahr 1924 widmet sich ebenfalls der Knechtschaft der Israeliten in Ägypten und deren Auszug in das Gelobte Land. Doch auch DeMilles Film war in Europa erfolgreich. Das Wiener Kino-Journal schreibt in einer Ausgabe von 1923:

*„Was die 10 Gebote so besonders wirksam gestaltet, das ist der Umstand, dass die Kontrastwirkung zwischen aktuellem Geschehen und längst versunkener Vorstellungswelt so wirksam in Gegensatz gestellt wird, dass man erkennen muss, sämtliche Moralbegriffe, alle Lehren über Gut und Böse, alle dickleibigen Folianten in- und ausländischer Gesetzbücher und Codices, sie enthalten nicht mehr als die kurzen lapidaren zehn: Du sollst und du sollst nicht, die Jehova mit feurigem Arm in den Stein des Sinai eingräbt, die in die Seele des Menschen eingeprägt das Um und Auf aller Sittentexte bedeuten. (...) Cecil B. DeMille hat uns diesen Abschnitt des heiligen Buches nicht vom Gotischen ins Deutsche, nicht vom Lateinischen in die Muttersprache übersetzt, aber er hat für tausend Gleichgültige das starre Wort in wirksame Tat umgesetzt und ist nicht nur ein genialer Filmregisseur sondern (...) zum Sittenlehrer erstanden.“* (Kino-Journal, 1923)

## Fazit

Trotz oder gerade wegen aller betonten Bibeltreue bleibt in Wahrheit wenig Raum für eine wirklich bemühte Rekonstruktion altägyptischer und hebräischer Lebenswelt. Die so gern betonte umfassende wissenschaftliche Recherche für die filmische Umsetzung des biblischen Stoffes ist durch den moralischen Überbau von Anfang an zum Scheitern verurteilt – ein Dilemma, das auch später, während der zweiten Welle monumentaler Bibelfilme, nicht gelöst werden wird.

---

[68] Siehe hierzu DIANA WENZEL, *Kleopatra im Film. Eine Königin Ägyptens als Sinnbild für orientalische Kultur* (Dissertation Universität Mainz, 2003, in Druckvorbereitung), und REGINA HEILMANN, *Visionen von Babylon. Rezeption und Visualisierung des Alten Orients im Monumentalfilm* (Dissertation Universität Mainz, 2004). Die beiden Versionen von THE TEN COMMANDMENTS gehören nicht zur Filmografie dieser Arbeiten.

[69] Vgl. hierzu die Darstellung des Gottes Chepre an der westlichen Nordwand von Raum Ia im Grab der Königin Nefertari, QV 66.

## THE TEN COMMANDMENTS (USA 1956)

Ab Mitte der 1920er Jahre legte sich der seit den frühen 1910er Jahren anhaltende Boom der Antik- und Bibelfilme. Cecil B. DeMille blieb der einzige Regisseur, der weiterhin auf antike und religiöse Themenkreise mit Filmen wie SIGN OF THE CROSS (1932) und CLEOPATRA (1934) zurückgriff. So ist es auch letztlich ihm zu verdanken, dass das Genre der sogenannten *epics* 1949 mit seiner Produktion SAMSON AND DELILAH ein Revival erlebte.

Die Zeichen für ein Wiederaufleben der auch als *spectacular* bezeichneten Filmgattung standen günstig: Das Kino musste seit der zunehmenden Verbreitung des Fernsehens und durch eine stetige Änderung des Freizeitverhaltens herbe Einnahmeverluste hinnehmen. Mit Filmen im Breitwandformat, die sich gegenseitig durch technische Innovationen und finanzielle Ausgaben zu übertreffen suchten, fand man eine Möglichkeit, das Kinoerlebnis wieder attraktiver zu machen. Man konnte sich mit gigantischer Kulissenarchitektur und enormen Massenaufmärschen vom Fernsehen absetzen. Außerdem boten Antik- und Bibelstoffe Wege, auf künstlerisch-unterhaltender Ebene politisch-moralisch Stellung zum Kalten Krieg und der Staatengründung Israels zu nehmen. So wundert es auch nicht, dass Cecil B. DeMille ein Remake seines Stummfilmepos plante.

### Vorbereitungen und Dreharbeiten

Auch diesmal war der im Vorfeld erfolgte Aufwand enorm: angeblich sichtete man beinahe eintausend Bücher, über zweitausend Zeitschriften und Artikel. DeMille legte, laut eigener Aussage, höchsten Wert auf historische Genauigkeit. Er sah sich mit der Schwierigkeit konfrontiert, dass der Produzent und Regisseur – im Gegensatz zum Historiker – jedes Problem lösen muss. Ein Film enthält keine Lücken, Entscheidungen können richtig oder falsch sein, aber sie müssen getroffen werden. Die Leitung der hierzu nötigen Recherchen hatte Henry Noerdlinger übernommen, der über diese Arbeiten ein Buch veröffentlichte, das zeitgleich zur Filmpremiere in den Handel kam.[70]

Hin und wieder mussten aus filmtechnischen Gründen Abstriche bei der Historizität gemacht werden. Zunächst waren beispielsweise die Sets, die diesmal in Ägypten, einige Kilometer außerhalb von Kairo errichtet wurden, ebenso bunt bemalt wie altägyptische Tempel es einst gewesen waren. Doch da das Ergebnis beim Breitwandformat VistaVision und in Technicolor zu grell gewesen wäre, ordnete DeMille an, sie wieder zu übermalen. Auch die Farbwahl der Kostüme unterlag zum Teil technischen Gründen.

Während der Dreharbeiten musste das Zusammenwirken von diesmal mehr als 12000 Darstellern und 15000 Tieren koordiniert werden. DeMille gelang dies mit Hilfe eines Megaphons und eines militärisch durchorganisierten Mitarbeiterstabs. Die Postproduktionsphase dauerte über ein Jahr und als der Film fertiggestellt war, betrugen die Kosten über $13 Millionen.[71]

### Szenenbeispiele

Im Film erfahren wir zunächst, wie Moses als Baby (Fraser Heston) an den ägyptischen Königshof gelangte. Seine Kindheit selbst wird nicht dargestellt. Er begegnet uns erst wieder als erwachsener Prinz (Charlton Heston), der nach einem erfolgreichen Krieg Einzug in den Palast hält. In besagter Szene laufen ihm blumenstreuende Frauen vorweg, deren Bekleidung auch hier wieder an Bauchtanzkostüme erinnern. Altes Ägypten und Orient-Phantasien werden übereingebracht und an anderer Stelle noch durch einen im Hintergrund klingenden Muezzin-Ruf verstärkt.

Zu den Eroberten zählen der äthiopische König Kikanos und seine Schwester, die mit echten Zebra- und Leopardenfellen bekleidet sind. Es heißt in der Bibel, Moses habe eine äthiopische bzw. kuschitische Frau geheiratet.[72] Man geht allgemein davon aus, dass es sich dabei um seine spätere Frau Zephora handelt. Doch DeMille berief sich auf das Werk des antiken Schriftstellers Josephus, wo es heißt, dass die Tochter des äthiopischen Königs, Tharbis, Moses die Stadt, die er zu erobern versuchte, unter der Bedingung einer Eheschließung mit ihr anbot.[73] Darauf wollte der Regisseur, so weit es das Publikum und die Zensurbehörden akzeptieren konnten, durch

---

[70] NOERDLINGER, *Moses and Egypt*.

[71] Die Summe entspricht laut ORRISON, *Written in Stone*, heute etwa $100 Millionen.

[72] Es heißt in *Numeri* 12,1, dass Moses von seinen Geschwistern Mirjam und Aaron wegen der kuschitischen Frau, die er sich genommen hatte, kritisiert wurde. Nach der üblichen Zuweisung des Landes „Kusch" wäre die Frau des Moses demnach Äthiopierin gewesen. Im Prophetenbuch *Habakuk* hingegen entspricht Kuschan dem Land Midian. Daher dürfte die „kuschitische Heirat" des Moses lediglich eine sprachliche Variante zur Überlieferung einer midianitischen Heirat sein (vgl. *Exodus* 2,18f). Somit wäre die Frau des Moses in jedem Fall Zippora, die älteste der sieben Töchter des Jethro.

[73] In seinen *Jüdischen Altertümern*, II, 10-11, erwähnt Josephus Flavius auch den Äthiopienfeldzug des Moses und die Heirat mit der äthiopischen Prinzessin. Josephus ging davon aus, dass diese die erste Frau des Moses gewesen sei, während jener Zippora (Zephora) erst später kennen gelernt habe. Die „Altertümer" des Josephus gelten vor allem als Hauptquelle jüdischer Geschichte für die nachbiblische Zeit bis ins erste Jahrhundert n. Chr. Die Historizität des Äthiopienfeldzugs des Moses wiederum beschäftigt die Forschung bis heute.

anzüglich-begehrliche Blicke der Äthiopierin einen Hinweis geben.

Die anderen Völker zeichnen sich durch ihre farbenprächtigen und fremdartigen Kostüme und Tänze aus. Antikes Ägypten, der Orient und Zentralafrika werden hier bunt miteinander zu einem Konstrukt des Orients vermischt. Die Vorlagen für die Darstellung der Tributbringer fand man, so der Recherchen-Chef Noerdlinger, direkt in ägyptischen Gräbern.

Im typischen Einklang mit der üblichen filmischen Rezeption des Alten Orients werden in diversen Szenen exotisch anmutende Orte genannt. Beinahe zufällig werden im Lauf des Films Namen wie Troja, Babylon, Saba und Syrien eingestreut. Sie dienen als Platzhalter für die Orientexotik noch weiter ‚östlich' gelegener Kulturen. Nicht zuletzt durch die lange Tradition westlicher Bibelrezeption sind es eben auch gerade Stätten wie Babylon, mit denen das Publikum eine faszinierende, wenngleich negative Fremdheit assoziiert.

Während Moses auch als ägyptischer Prinz einen modernen Kurzhaarschnitt trägt, haben der Pharao und sein Sohn Ramses geschorene Köpfe. Letzterer trägt – wie auch Moses – als Zeichen seiner Jugend die sogenannte Seiten- oder Jugendlocke, die für die Darstellung von Kindern im Alten Ägypten typisch war. Somit wird schon allein durch optische Mittel die Anders- und Fremdartigkeit der Ägypter betont. Hier offenbart sich bereits ganz nebenbei die „Blut ist dicker als Wasser"-Thematik: obwohl Moses als Ägypter unter Ägyptern aufgezogen wurde, sticht er aus ihnen hervor und ist im positiven Sinne ‚anders'. Interessanterweise verzichtete man darauf, bei König Sethos (Cedric Hardwicke) oder später auch bei seinem Sohn Ramses (Yul Brunner) altägyptische königliche Insignien wie den künstlichen Bart oder den Stierschwanz zu übernehmen. Dies hätte die Darsteller in modernen Augen möglicherweise der Lächerlichkeit preisgegeben und sie als ernstzunehmende Kontrahenten unglaubwürdig erscheinen lassen.

Obwohl oder gerade weil der Film an seinem inneren Konflikt leidet, nämlich Ägypten schön und opulent, aber dennoch negativ zeigen zu wollen, wird dem Publikum ein interessantes Detail vorenthalten: nämlich die genauen verwandtschaftlichen Beziehungen zwischen Nefretiri (Anne Baxter) einerseits und Sethos, dem regierenden König, und seinem Sohn Ramses andererseits. Im Verlauf des Filmes erfahren wir, dass Moses durch die Ehe mit der Erbprinzessin Nefretiri dem Pharao Sethos auf den Thron folgen soll. Dieser Handlungsteil des Films fußt auf der damals verbreiteten Annahme, dass das Königtum über die älteste

Tochter vererbt wurde und derjenige König wurde, der sie heiratete. Diese Verbindung unter königlichen Geschwistern zur Reinhaltung der Dynastie konnte DeMille trotz seines Anspruchs auf Authentizität nicht in einem Hollywood-Film der 1950er Jahre zeigen. Dies wäre aufgrund der Zensurbestimmungen unmöglich gewesen. Prinzessin Nefretiri, an deren Hand der Thron Ägyptens gebunden ist und die demzufolge die Tochter des Pharaos sein müsste, nennt während des ganzen Filmes weder den amtierenden Pharaoh ‚Vater', noch Ramses ihren ‚Bruder'. Der Regisseur versucht durch Anreden wie *Great One* oder *Old Crocodile* zwar eine liebevoll-familiäre Beziehung deutlich zu machen, erspart sich jedoch eine Darstellung inzestuöser Liebe.

Nefretiri ist die Verführerin, die in dünnen, durchscheinenden Gewändern Moses von seinen Pflichten fortlocken will und in krassem Gegensatz zu der frommen Zephora (Yvonne de Carlo), seiner späteren Frau, steht. Nefretiri ist machtbesessen und intrigant, schreckt auch vor Mord nicht zurück und gibt sich den oberflächlichen Vergnügungen des Palastes hin. Ihre Liebe zu Moses ist besitzergreifend und egoistisch, und sie scheint sie nur allzu leicht mit Lust zu verwechseln. Sie ist somit das absolute Negativbeispiel für die ‚selbstlose amerikanische Hausfrau' der 1950er Jahre. Dieses schlechte Bild einer antiken Herrscherin oder Prinzessin ist typisch für die Filme dieser Zeit. Die gleichen Stereotypen finden sich beispielsweise bei THE EGYPTIAN (USA, 1954), der Verfilmung des erfolgreichen Romans SINUHE DER ÄGYPTER von Mika Waltari, in dem die Königsmutter Teje (Judith Evelyn) und ihre Tochter Baketamon (Gene Tierney) als intrigante, machtbesessene Mannweiber dargestellt werden. Bei LAND OF THE PHARAOHS (USA 1955) spielt Joan Collins die berechnende, kaltblütige Zweitfrau des Cheops, Nellifer. In SOLOMON AND SHEBA (USA 1959) geht die Königin von Saba (Gina Lollobrigida) eine Allianz mit dem Pharao ein, um König Solomon zu vernichten. Es ist bestimmt kein Zufall, dass die einzige Ägypterin in THE TEN COMMANDMENTS – neben Moses' Ziehmutter, der eine Sonderstellung zukommt – mit solch negativen Werten belegt wurde.

Auch die männlichen Protagonisten, allen voran Ramses, werden überwiegend verwerflich und niederträchtig dargestellt. Ramses, der den absoluten Diktator verkörpern soll,[74] ist folglich eher ein Atheist denn ein gläubiger Anhänger des altägyptischen Pantheons. Diese ‚Götzenwelt' wird auch in dieser Version der „Zehn Gebote" so

---

[74] FORSHEY, *American Religious & Biblical Spectaculars*, 6: v.a. Stalin stand Pate für Darstellung des Bösewichts in Bibelfilmen der 1950er & 1960er Jahre.

fremdartig und seltsam anmutend wie nur irgend möglich gezeigt. Es ist geradezu typisch, dass es sich bei dem Gott, den Ramses und Nefretiri in einer späteren Szene anbeten, um ihren Sohn zu beleben, um den falkenköpfigen Sokar handelt, eine große Steinfigur mit Vogelkopf. Diese Vereinfachung der altägyptischen Religion ist auch hier wieder gezielt und bewusst gewählt, um die Differenz zwischen „christlich-amerikanischen" und „heidnisch-totalitären" Werten hervorzuheben.

Die gesamte Moses-Geschichte, wie sie hier umgesetzt wurde, dient gleichsam als Beweis, dass Gott auf Seiten der Demokratie und somit Amerikas steht. Die ägyptischen Götter und somit der „diktatorische" Staat Ägypten sind machtlos, was sich gleich an mehreren Stellen im Film offenbart.

In vielen Szenen wird Luxus, vor allem derjenige eines als orientalisch dargestellten Reiches, mit Lust, Maßlosigkeit und Charakterschwäche geglichen, die Opulenz Ägyptens den Plagen und der Armut der Israeliten gegenübergestellt. Im Interesse dieser Wertigkeiten wird „einer der mächtigsten Männer der Antike, nämlich Ramses, in eine Marionette verwandelt, der von einer Gruppe Lumpenträger ausgeraubt wird, die große Mengen an Gold und Silber von der reichsten Nation der antiken Welt entwenden und ihrer Bestrafung entkommen, weil Gott die meistgefürchtete Militärmaschine der Welt ertrinken lässt"[75]. Zwar betont Noerdlinger in seinem Buch MOSES AND EGYPT, dass die Ägypter in ihrer Architektur und Kunst Beispiele dafür gesetzt hätten, dass sie ein achtbares Volk gewesen seien. Doch werden diese Errungenschaften – wie übrigens auch bei LAND OF THE PHARAOHS – letztlich als Leistungen der Hebräer dargestellt.

Schon bereits die ersten Bilder des Films weisen in genau diese Richtung: Per *voice over* (im Original DeMille selbst) wird zu Beginn des Films der Schöpfungsbericht aus *Genesis* 1,1f zitiert. Nun wird direkt zur Erzählung von Moses übergeleitet. Durch die Worte des Sprechers wird die Welt bereits in „Gut und Böse" eingeteilt. Der Bildaufbau sowie die Farbwahl dieser Szene lassen den Zuschauer unwillkürlich an den *dawn of history* – die ,Geschichtsdämmerung' denken, allerdings assoziiert man auch eine Endzeitstimmung. Somit wird, wie bereits erwähnt, die hohe Kultur der Ägypter von Anbeginn von den Schultern der Kinder Gottes leidvoll getragen.

Als wenig später im Film die Schwester des Pharao das von ihrem eigenen Vater zum Tode verurteilte Baby als Kind annimmt, sagt sie: „Und dein Name wird noch leben, wenn die Pyramiden zerfallen

sind". Somit wird dem Publikum sogar durch das Wort einer hohen Ägypterin der Triumph der Israeliten nach dem Untergang der ägyptischen Kultur prophezeit, auch wenn ihr selbst das Schicksal des Moses nicht bekannt sein kann.

Insgesamt ist der Umgang mit den mannigfaltigen Völkern des Alten Orients für Hollywood nicht zu bewerkstelligen. Der Zuschauer muss sich fragen, wie viel an dieser Form von religiös-vorbelasteter Antikenrezeption bewusst oder unbewusst in einen solchen Film mit einfloss. Denn der Schafszüchter Jethro, der Vater von Moses späterer Braut Zephora, sowie dessen Nachbarn und Handelspartner im Lande Midian, werden in einigen Szenen des Films als ,Proto-Araber' vorgeführt. Aufgrund der erfolgten Recherche wird in der Handlung darauf hingewiesen, dass dieser Jethro ein Abkömmling Ismaels, des Erstgeborenen Sohnes von Abraham und dessen Magd Hagar sei – und somit der Stammvater der späteren Moslems. Allein dieser Umstand führte dazu, dass diese männlichen ,Proto-Araber' in der englischen Originalfassung des Filmes einen starken Arabischen Akzent haben, während die Ägypter doch allesamt ein reines Englisch reden. Dieses Phänomen einer durch Sprache ausgedrückten Hierarchie findet sich auch noch in anderen Bibel- und Antikfilmen der 1950 Jahre (vgl. z. B. ALEXANDER THE GREAT, USA 1955, oder SOLOMON AND SHEBA, USA 1959).

**DeMille und Geschichte**
Trotz der erfolgten historischen Recherche ist der Film ein sehr persönliches Werk des Regisseurs und somit seiner Geschichtsphilosophie wie auch seiner persönlichen Religiosität.

Der Untertitel des Films lautet „Eine Geschichte der Geburt der Freiheit" und spiegelt DeMilles Grundüberzeugung wider, jedes Volk solle in Frieden und Freiheit leben dürfen. Bei Moses berühmtem Ausspruch „Let my people go" denkt man daher zunächst aufgrund von dessen afroamerikanischer Rezeption im Gospel-Gesang unwillkürlich an die schwarzen Sklaven in der Geschichte Amerikas. Dies steht jedoch im Widerspruch zur zeitgenössischen Rassenpolitik der Vereinigten Staaten, die sich gleichzeitig im Film niederschlägt: Schwarze amerikanische Schauspieler sind dort auf die ,klassische Rolle' der Sänftenträger reduziert.

In der Werbung zu THE TEN COMMANDMENTS zählt DeMille sämtliche historischen Quellen auf, die für das Drehbuch Verwendung fanden. Im Vorspann des Filmes werden darüber hinaus renommierte Wissenschaftler des amerikanischen Oriental Institute (Chicago) und ein Rabbiner

---

[75] Übersetzt nach SEGAL, „The Ten Commandments", in: CARNES, *Past Imperfect*, 39.

aufgeführt, in einem Atemzug allerdings auch drei historische Romane zitiert, derer er sich für seinen Film bedient hatte. Dieser Umstand verdeutlicht, wie leichtfertig der Regisseur das Quellenmaterial mischte und aus dem zusammengewürfelten Geschichtspuzzle seine Version vom Leben Moses und dem Exodus schuf. Einem Altertumsforscher gleich lobt er sich selbst, dass es ihm „gelungen sei, die in der Bibel fehlenden 30 Jahre zwischen Moses' Aussetzung und Berufung zu füllen". Der amerikanische, bibeltreue Regisseur sieht sich selbst als Theologe, der dem Publikum neue Erkenntnis bringt – DeMilles Faible für die Darstellung von Erotik, Exotik und Opulenz wird entschuldigend ‚in den Dienst der Sache' gestellt.

Interessant ist hier auch der Umstand, dass in Noerdlingers Unterlagen zum Making-of für den Film der Koran als Quelle angegeben wird, da dieser weiteres Material zu Moses' Leben böte. Gerade der Koran wird jedoch im Vorspann des Films unter all den verschiedenen so stolz angegebenen Quellen nicht mit aufgeführt. Dieses Verhalten erweckt den Eindruck, als habe DeMille sich gerne des Korans bedient, um die Biographie des Moses weiter ausschmücken zu können, dies aber als Christ der 1950er nicht offen zugeben wollen. Schließlich sollen es doch die Amerikaner sein, „God´s Own Country", die der Welt die komplette Rekonstruktion des Lebens Moses' präsentieren.

Doch es geht auch bei diesem Film um konkrete Gegenwartspolitik: Während in der 1923er Version die Relevanz des biblischen Themas für die heutige Zeit durch das kombinatorische Verfahren verdeutlicht worden war, übernahm dies nun die in der amerikanischen Originalfassung ausgestrahlte Vorrede DeMilles, der ein leidenschaftlicher Anti-Kommunist war. Durch die Revolution ägyptischer Offiziere Mitte 1952, die den ägyptischen König Farouk absetzten und kurz darauf General Abdul Nasser an die Macht brachten, verschärfte sich die Lage im Nahen Osten erheblich. Trotzdem war es die Erfüllung von DeMilles Lebenstraum, am sogenannten „Originalschauplatz des Geschehens", nämlich Ägypten und dem Sinai zu drehen. Die Zusammenarbeit vor Ort wird in den Unterlagen zum Making-of des Films auch stets als positiv und freundschaftlich geschildert. Dies täuscht jedoch nicht darüber hinweg, dass DeMille gerade diesen Schauplatz als Projektionsfläche für seine politische Haltung angeblichen und wirklichen Kommunisten gegenüber nutzt. Während der Dreharbeiten näherte sich 1955 das von Nasser regierte Ägypten dem Warschauer Pakt an, weswegen die USA sich 1956 weigerten, die Errichtung des Assuan-Staudammes mit zu finanzieren und ein angespanntes Verhältnis zwischen den Ländern herrschte.

Ohnehin stand Hollywood seit 1949 vollkommen hinter der Staatsgründung Israels. Somit verkörperten die antiken Israeliten als Feinde orientalischer Despotie in THE TEN COMMANDMENTS gleichsam ‚Proto-Amerikaner' im Kampf für Demokratie und Freiheit im Nahen Osten. Der bereits erwähnte Film SAMSON AND DELILAH von DeMille aus dem Jahr 1949 war sozusagen das erste filmische Statement zur amerikanischen Unterstützung des neuen Gelobten Landes.

## Der Trailer zu THE TEN COMMANDMENTS (USA 1956)

Um die Ansprüche und Auffassungen DeMilles einmal übergreifend zu verdeutlichen, soll abschließend auf die aufwändige wie ungewöhnliche Filmvorschau eingegangen werden, welche kurz vor der damaligen Premiere in den amerikanischen Kinos lief.

Der Regisseur zeigt sich zunächst in seinem Studierzimmer, das ausgestattet ist mit Originalkulissen der Dreharbeiten sowie Repliken berühmter Moses-Gemälde. DeMille beginnt seinen Vortrag mit einem Überblick über die Kunstgeschichte, die viel zum westlichen Bild Moses beigetragen habe. Stolz betont er die frappierende Ähnlichkeit des Moses-Darstellers Charlton Heston mit der berühmten Statue Michelangelos. Dann weist er das Publikum darauf hin, dass die biblische Überlieferung die Zeitspanne zwischen Moses' Geburt und seiner späteren Berufung „ausliee".

Nun beginnt DeMille, den eigenen Verdienst an einer Interpretation von Moses' Leben darzulegen: Er erklärt, dass die Zehn Gebote in der Schrift der Kanaanäer niedergeschrieben worden seien, einer Schrift, die sich zum heutigen, also unserem, Alphabet weiter entwickelt habe. Somit schlägt er einen Bogen vom Empfang der Gebote durch das Volk der Hebräer bis zur heutigen Gesellschaft – die altorientalische Keilschrift, wiederum Vorgängerin des kanaanäischen Alphabets, erwähnt er hingegen nicht. Vielmehr soll der Anschein erweckt werden, dass mit dieser Schrift der Beginn der abendländischen Kultur eingeläutet werde. Anschließend erzählt der Regisseur, dass sein Filmteam die „Lücke" von ca. 30 Lebensjahren mittels der Texte antiker Schriftsteller zu füllen vermocht habe – als hätten vor DeMille Geschichtswissenschaftler einfach nur auf diese Idee zu kommen brauchen. Dass eine solche Vorgehensweise bar jeder historisch-kritischen Methodik ist, liegt auf der Hand. Er betont das Drehen an „Originalschauplätzen", als könne jeder Schritt, den Moses und sein Volk angeblich gegangen seien, wissenschaftlich nachvollzogen werden und historische Tatsache sein. Gleichzeitig zeigt DeMille sich auch als typisch amerikanischer Monumentalfilmer: Die Geschichte Moses' sei, so sagt er, die „größte Abenteuergeschichte, die [von ihm, Anm. der Verf.] jemals zwischen zwei Buchdeckel gebracht worden ist" und fragt das Publikum „Wo können Sie größere Dramatik finden als hier?" Mit einem folgenden Überblick über die Hauptpersonen des Films vermittelt er ‚Höhepunkte' der Handlung. Der Zuschauer hat das Gefühl, dass sämtliche Protagonisten nicht Teil der biblischen Überlieferung sind, sondern ihr Leben zudem historisch verbürgt sei.

## Moses als amerikanischer Mythos

Da im Trailer jeweils die Quintessenzen bezüglich Recherche, Inhalt und Aussage präsentiert werden, eignet sich dieser ideal für eine Zusammenfassung aller im Lauf dieses Beitrags angesprochenen Aspekte. Am Ende der Filmvorschau äußert DeMille denn auch sein größtes Anliegen, nämlich einen Bezug zur Welt und Gesellschaft der Gegenwart herzustellen:

*„Sollten Menschen vom Wort Gottes geleitet werden oder durch die Launen eines Diktators wie Ramses? Sind Männer Eigentum des Staates oder sind sie freie Seelen durch Gott?"*

Moses' Rückkehr nach Ägypten und Sendungsauftrag wird dadurch erklärt, dass durch die Diktatur des neuen Pharaos, seines ehemaligen Ziehbruders Ramses, die Qualen für das hebräische Volk ins Unermessliche gestiegen seien. Der schließlich doch erreichte Auszug des Volkes Israel aus Ägypten nennt DeMille, und das mit Sicherheit wider besseres Wissen, die „größte Migration, die die Welt jemals gesehen hat".

Sämtliche Gefühle und Kämpfe, die der Mensch austragen muss, werden laut DeMille im Leben des Moses ausgefochten. Er sei einer der „großartigsten Menschen der Welt – sündig und doch heilig". Moses habe die Zehn Gebote empfangen dürfen, die größte Errungenschaft der Menschheit, die es uns erlaube, in Frieden und Freiheit zu leben.

Somit wird die beabsichtigte Assoziation kommunistischer Regime in letzter Konsequenz nicht einmal der von den Amerikanern so sehr in die Welt getragenen Staatsform der Demokratie gegenübergestellt. Vielmehr soll dem Publikum ein zumindest theoretisch gedachtes Leben rein unter der Herrschaft Gottes schmackhaft gemacht werden, welches jedoch gleichzeitig mit der amerikanischen Ideologie vereinbar ist. Das amerikanische Sendungsbewusstsein wird so in einer sehr vereinfachten Form von einer Religiosität gespeist, welche vor allem beinhaltet, die Bibel wortwörtlich

zu nehmen. Somit erschöpft sich DeMilles Interesse und seine Darstellung altisraelitischer und altägyptischer Geschichte in deren bloßer optischer Aufbereitung - eine wahre Auseinandersetzung mit diesen Kulturen findet zugunsten einer wenig reflektierten Übernahme der biblischen Erzählung letztendlich nicht statt.

Die amerikanische Kritik nahm den Film mit Ausnahme der *big city critics*, mit denen DeMille eine lange Feindschaft verband, durchweg gut auf. Die *New York Times* hatte nicht ganz Unrecht, wenn sie schrieb, dass DeMille den „Kinogängern Sex und Sand in die Augen gestreut" habe.[76] Der Film war aller Exotik zum Trotz von Anfang an für alle Altersgruppen zugelassen. Er ist, wie bereits eingangs erwähnt, bis heute, vor allem im amerikanischen, aber auch europäischen Fernsehen, der am häufigsten ausgestrahlte Spielfilm aller Zeiten.[77] Sicher konnte man weder im Jahr 1956 noch heute behaupten, dass der religiöse und politische Impetus DeMilles stellvertretend für Amerika oder gar den gesamten Westen ist. Trotzdem darf der Einfluss des Films nicht unterschätzt werden.

Dies betrifft bis heute in allererster Linie Moses' Identifikation mit Charlton Heston für viele amerikanische Christen. Heston symbolisiert allein durch seine äußere Erscheinung den idealen Vertreter amerikanischer Werte, den perfekten Heldentyp. Der Mythos, den Charlton Heston um sich und seinen Anteil an den *epic films* aufgebaut hat, ist ungebrochen. Auch in späteren Jahrzehnten hat er für den Film geworben, diesen bei TV-Ausstrahlungen eingeführt und bei didaktischen Bibeladaptionen für Kinder mitgewirkt. Für viele Amerikaner ist er nicht nur „the Lawgiver" – der Gesetzesstifter – in Bezug auf diesen Film, sondern „the Lawgiver" per se. Er spielte nicht nur Moses, sondern auch Ben-Hur und Johannes den Täufer. Als Moses war er die rechte Hand Gottes und verkörpert für Amerika Tausende Jahre westlicher Kultur. Dieser Schauspieler, ein großer Verkünder traditioneller Werte, der sich selbst so sehr mit seiner Rolle als Moses identifiziert hat, war lange

---

[76] RINGGOLD / BODEEN, *The Films of Cecil B. DeMille*, 363f.

[77] Eine indirekte filmische Hommage an THE TEN COMMANDMENTS findet sich in Steven Spielbergs Science Fiction Film CLOSE ENCOUNTERS OF THE THIRD KIND aus dem Jahre 1977, in dem die Faszination für UFOs als eine Art Ersatzreligion dargestellt wird. In einer Szene sieht das Publikum im Hintergrund die Kinder der Hauptfigur Roy Neary (Richard Dreyfuss) vor dem Fernseher sitzen. Sie schauen den vierstündigen Film THE TEN COMMANDMENTS - im Film ein Bild für das Aufwachsen amerikanischer Jugendlicher vor den Fersehbildschirmen sowie die (kindgerechte) Medientauglichkeit einer solchen Filminterpretation biblischen Glaubens. Auch in Deutschland wird der Film bis heute beinahe jährlich von unterschiedlichen Sendern ausgestrahlt.

Jahre unbeirrbarer Vorsitzender der National Rifle Association (NRA), die sich in den USA für das Recht auf Bewaffnung eines jeden einzelnen Bürgers stark macht. Charlton Heston galt von jeher als erzkonservativer, patriotischer Amerikaner und überzeugter Christ der evangelikalen Glaubensrichtung. So war er auch das ideale ‚Zugpferd‘ für eine TV-Serie zu den „Highlights" der Bibel. Unter der Regie Tony Westmans wird die vielteilige Dokumentation mit dem Titel CHARLTON HESTON'S VOYAGE THROUGH THE BIBLE alias CHARLTON HESTON PRESENTS THE BIBLE seit 1997 von amerikanischen Fernsehanstalten ausgestrahlt.[78] Man kann davon ausgehen, dass die persönliche Haltung Charlton Hestons ebenfalls im Sinn des Regisseurs Cecil B. DeMilles gewesen wäre, dem der Gott des Alten Testaments stets näher schien als der des Neuen, und dessen größtes Projekt die Verfilmung der Zehn Gebote und des Leben Moses war.[79]

## Zitierte Literatur und Quellen

Filmversion von 1923: VHS Video, Paramount Home Video THE TEN COMMANDMENTS.

Filmversion von 1956 und Trailer von 1956: DVD, Paramount Widescreen Collection, Cecil B. DeMille's THE TEN COMMANDMENTS.

RICHARD H. CAMPBELL / MICHAEL R. PITTS, *The Bible of Film. A Checklist 1897-1980*, Metuchen / London 1981.

THOMAS KUCHENBUCH, „Bibel und Geschichte. Zum religiösen Film: Die Zehn Gebote (The Ten Commandments)", in: *Fischer Filmgeschichte 3. Auf der Suche nach den Werten 1945-1960*, hg. von Werner Faulstich / Helmut Korte, Frankfurt am Main 1990, 299-330.

*Kino-Journal Nr. 766*, Wien 1923, S.14.

HENRY S. NOERDLINGER, *Moses and Egypt. The Documentation to the Motion Picture The Ten Commandments*, Los Angeles 1956.

KATHERINE ORRISON, *Written in Stone: Making Cecil B. DeMille's Epic, The Ten Commandments*, Lanham 1999.

GENE RINGGOLD / DEWITT BODEEN, *The Films of Cecil B. DeMille*, New York 1969.

ALAN F. SEGAL, "The Ten Commandments", in: MARK C. CARNES (Hg.), *Past Imperfect. History according to the Movies*, New York 1995, 36-39.

o.V., The Ten Commandments (Paramount 1956), Original Screen-Play, British Film Institute, London.

## Weiterführende Literatur

*Moses und seine Zeit*
NIEL PETER LEMCHE, *Die Vorgeschichte Israels. Von den Anfängen bis zum Ausgang des 13. Jahrhunderts v. Chr. Biblische Enzyklopädie 1*, Stuttgart/Berlin/Köln 1996.

*Mythos und Rezeption des Moses*
JAN ASSMANN, *Moses der Ägypter. Die Entzifferung einer Gedächtnisspur*, München/Wien 1998.

*Die Rezeption Moses im Kontext des Orientalismus*
EDWARD SAID, *Orientalism. Western Conceptions of the Orient*, London 1978.

*Moses im Film als Teil der Religionspädagogik*:
MICHAEL KRESS/WOLFGANG LULEY (Hg,), *Die Bibel: Das Alte Testament und seine filmische Umsetzung. Materialien und Arbeitshilfen*, Band 1, Frankfurt a. M. 1995.

*Moses im Kontext des Antikfilms*:
BRUCE BABINGTON/PETER WILLIAM EVANS, *Biblical Epics. Sacred Narrative in the Hollywood Cinema*, Manchester/New York 1993.
DEREK ELLEY, *The Epic Film. Myth and history*, London/Boston/Melbourne 1984.
GERALD E. FORSHEY, *American Religious and Biblical Spectaculars*, Westport 1992.
FOSTER HIRSCH, *The Hollywood Epic*, Cranbury/London 1978.
SAM SERAFY, "Egypt in Hollywood: Pharaohs of the Fifties", in: SALLY MACDONALD/MICHAEL RICE, *Consuming Ancient Egypt*, London 2003, 77-86.
JON SOLOMON, *The Ancient World in the Cinema. Revised and expanded edition*, Chelsea 2001.

---

[78] Siehe z.B. www.imdb.com/title/tt0305358. Vgl. hierzu auch die (unfreiwillige) filmische Präsentation Charlton Hestons in Michael Moores Dokumentation BOWLING FOR COLUMBINE (USA 2001): „And then Moses himself showed up".
[79] Zum Thema „Zehn Gebote" und deren heutiger gesellschaftlicher Relevanz findet ab dem 18. Juni 2004 eine Ausstellung im Dresdner Hygiene Museum statt. Siehe www.dhmd.de/zehngebote/index.html.